参 编

吴 艳	华中科技大学同济医学院附属协和医院	陈 凌	华中科技大学同济医学院第一临床学院
罗 干	武汉理工大学马克思主义学院	陈雨晴	华中科技大学同济医学院第一临床学院
李 悔	华中科技大学同济医学院附属协和医院	郭 幸	华中科技大学法学院
张 卓	共青团华中科技大学委员会	黄早早	华中科技大学同济医学院附属梨园医院
沈 力	武汉市江汉区科学技术协会	刘 平	华中科技大学同济医学院附属梨园医院
张华萍	孝感市中心医院	石兆祺	华中科技大学同济医学院第二临床学院
李艳月	广东实验中学越秀学校	马恒悦	华中科技大学同济医学院第一临床学院
余雅洁	华中科技大学同济医学院第一临床学院	徐 舒	华中科技大学同济医学院第一临床学院
王淦昕	华中科技大学同济医学院第三临床学院	吴 祁	华中科技大学同济医学院第三临床学院
王晓慧	华中科技大学同济医学院附属同济医院	马 鹏	华中科技大学光学与电子信息学院
钟悦茹	华中科技大学同济医学院护理学院	黄 希	华中科技大学同济医学院基础医学院
闫毅博	华中科技大学同济医学院第三临床学院	江岸清	重庆师范大学教育科学学院
田文曲	华中科技大学同济医学院第二临床学院	张洪扬	华中科技大学机械科学与工程学院
杜思思	华中科技大学同济医学院护理学院	周子清	华中科技大学同济医学院第二临床学院
熊程心子	华中科技大学新闻与信息传播学院	徐晓炜	华中科技大学同济医学院第一临床学院
张琦敏	华中科技大学同济医学院第一临床学院	龙 喆	华中科技大学同济医学院公共卫生学院
孙心仪	华中科技大学同济医学院第一临床学院	汪思行	华中科技大学同济医学院基础医学院
伊廉政	华中科技大学生命科学与技术学院	马奇志	华中科技大学同济医学院公共卫生学院
张可萍	湖北科技学院临床医学院	史 哲	华中科技大学同济医学院第一临床学院
苏莉曼	华中科技大学同济医学院第一临床学院	柯 妍	华中科技大学同济医学院基础医学院
刘 洋	华中科技大学同济医学院第一临床学院	尹 瑶	华中科技大学同济医学院第三临床学院
刘梦云	华中科技大学同济医学院第一临床学院	边亚茹	华中科技大学公共管理学院
李依瑾	华中科技大学同济医学院第一临床学院	罗同豪	华中科技大学同济医学院公共卫生学院
严夷陵	华中科技大学同济医学院基础医学院	李佳祥	华中科技大学同济医学院公共卫生学院
苏 静	华中科技大学同济医学院第一临床学院	刘思绪	华中科技大学电子信息与通信学院
田可嘉	华中科技大学同济医学院基础医学院	何朋羽	华中科技大学经济学院
周思婕	华中科技大学同济医学院第一临床学院	甘若宜	华中科技大学同济医学院基础医学院
袁 程	华中科技大学同济医学院基础医学院	彭紫晴	华中科技大学同济医学院护理学院
周晓宇	华中科技大学同济医学院第一临床学院	王岚萱	华中科技大学生命科学与技术学院
宋贝特	华中科技大学同济医学院第一临床学院	谢 颖	华中科技大学电气与电子工程学院

青春无恙
——写给青少年的健康科普

主　编　杨盛力　华中科技大学同济医学院附属协和医院
副主编　张　攀　中国地质大学（武汉）医院
　　　　　魏从兵　中国地质大学（武汉）医院
　　　　　胡　芳　华中科技大学同济医学院协和武汉红十字会医院

华中科技大学出版社
http://press.hust.edu.cn
中国·武汉

内 容 简 介

本书是写给青少年的一本科普图书。

书中对良好卫生习惯的养成、青少年的心理健康、青少年的饮食营养进行了简单介绍,对青少年的常见病、传染性疾病以及突发事件也进行了描述并提出了简单的应对方法。

本书运用通俗易懂的文字,结合生动风趣的图画,充分考虑到青少年的认知能力,力求使其有所收获,健康快乐地成长。

图书在版编目(CIP)数据

青春无恙:写给青少年的健康科普/杨盛力主编. —武汉:华中科技大学出版社,2023.6(2024.1重印)
ISBN 978-7-5680-9576-1

Ⅰ. ①青… Ⅱ. ①杨… Ⅲ. ①健康教育-青少年读物 Ⅳ. ①G479-49

中国国家版本馆CIP数据核字(2023)第102552号

青春无恙——写给青少年的健康科普 杨盛力 主编
Qingchun Wuyang——Xiegei Qingshaonian de Jiankang Kepu

策划编辑:汪飒婷		责任校对:林宇婕	
责任编辑:方寒玉		封面设计:原色设计	
责任监印:周治超			
出版发行:华中科技大学出版社(中国•武汉)		电话:(027)81321913	
武汉市东湖新技术开发区华工科技园		邮编:430223	
录 排:华中科技大学惠友文印中心			
印 刷:湖北金港彩印有限公司			
开 本:889mm×1194mm 1/32			
印 张:5.5			
字 数:117千字			
版 次:2024年1月第1版第2次印刷			
定 价:39.80元			

本书若有印装质量问题,请向出版社营销中心调换
全国免费服务热线:400-6679-118   竭诚为您服务
版权所有 侵权必究

杨盛力，男，1982年2月，中共党员，医学博士，副教授、副主任医师。湖北省抗癌协会癌症康复与姑息治疗青年委员会副主任委员、湖北省抗癌协会肿瘤心理学专业委员会常务委员兼秘书、湖北省中医师协会消化病专业委员会常务委员、中国营养学会肿瘤营养分会肿瘤膳食营养科普团队区域讲师、湖北省医学生物免疫学会医学科普专业委员会委员、武汉市健康教育讲师团成员、中国医师协会健康传播工作委员会委员。担任 Evidence-based Complementary and Alternative Medicine（SCI）编委，Cancer Biology & Medicine（SCI）、International Journal of Clinical Pharmacy（中文版）、TMR-Integrative Medicine 以及《中华肿瘤防治杂志》《中华肝脏外科手术学电子杂志》《中华普通外科学文献》《医药导报》《肿瘤预防与治疗》等杂志青年编委，中华肝脏病杂志特邀编委。主持科研课题13项，发表SCI论文40篇，其中影响因子大于10分4篇，5分以上16篇。博士论文被香港中文大学评为优秀博士论文。2020年荣获湖北省科技进步二等奖。

2011年开始科普创作，先后在《健康报》《大众健康》和《家庭医学》上发表科普文章20余篇。撰写的60篇科普文章和40多个科普视频被学习强国、中国抗癌协会科普平台、湖北省抗癌协会、中国抗癌协会肿瘤心理学专业委员会、武汉协和医院官网、武汉科技报、新浪网、长江日报长江网等多个媒体发布。组建了300余人的科普团队——大学生快乐科普驿站,并前往20所高校进行了肿瘤防治的科普讲座。多次受邀参加武汉市科学技术协会、江汉区科学技术协会开展的科普工作者会议,分享科普经验。多个作品被评为武汉协和医院优秀科普作品,获2021年新时代健康科普作品征集大赛优秀作品奖和陈孝平院士健康科普工作室"首届健康科普大赛"一等奖、获武汉市江汉区科普短视频比赛三等奖。部分科普作品还获得了10万+的点击量,4篇科普作品被评为协和医院2021年和2022年"十大科普作品"。2022年被评为新浪最佳公益科普合作伙伴和武汉市最美志愿者。业余时间经常给肿瘤患者进行科普讲座和义诊,《武汉科技报》进行了专门采访,报道了6次,《健康报》报道了1次。

序
一份远方朋友的礼物

党的十八届五中全会明确提出"推进健康中国建设"。次年,全国卫生与健康大会在北京隆重召开,之后,《"健康中国2030"规划纲要》得以颁布实施。这一过程充分彰显了党中央、国务院对人民健康的高度关注和责任担当,以人民为中心加快健康中国建设的指导思想、顶层设计和实施路径一步步深化、系统化、具体化。作为新世纪的医学专业大学生,"如何为健康中国战略的推进贡献一己之力?如何做到知行合一、让所学知识通过社会实践造福于同胞?"成为大家上下求索的重要问题,华中科技大学同济医学院第一临床学院"防癌护爱,云上医讲"暑期社会实践队正是在这种考量之下,由一群志同道合的师生组建起来的。

我们应该采用什么样的方式、向哪些人群、传播哪些健康知识?为了解决这些具体的问题,实践队联合校研支团、暑期支教队,基于云调研,厘清了当前儿童青少年群体,尤其是乡村地区中小学生对健康知识的掌握现状和需求,并且以此为基础,制订、更新科普活动方案,确定、完善科普知识内容。在这个过程中,实践队也不断发展壮大,成员不再局限于华中科技大学医学院的师生，而是吸引了来自多所高校的、覆盖了多个专业领域的有识之士。

2022年7月1日，实践队第一场讲座"科普进校园之杜绝不良习惯，和疾病Say No"，以云上连线的方式为云南省临沧市临翔区蚂蚁堆乡蚂蚁堆中心完小的同学们送去了新鲜且实用的健康知识大餐，同学们热情高涨，与讲座老师和实践队队员积极互动，对处理常见疾病的方法充满兴趣。这次活动取得了圆满成功，同时使实践队深刻体会到为中小学生科普健康知识的重要性，在获得满满成就感之余，"将健康科普知识汇编成册，使之惠及更多的孩子"逐渐成为实践队的共识。撰写科普手册的想法就这样应运而生。

为了使中小学生能够学以致用，我们把科普内容聚焦于时下流行的传染病、常见病以及突发公共卫生事件等方面，力求运用通俗易懂的文字，结合生动风趣的图画，来准确地传播医学常识。拿到完稿的时候，我们可以拍胸脯地保证：这份手册或许谈不上"制作精良"，但绝对"诚意满满"。

希望你在阅读的过程中既能享受收获知识的乐趣，也能更加关注自身和身边人的健康。如此，这份远方的礼物也就没有辜负它的使命。

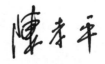

中国科学院院士

目录

手卫生	01
饮食卫生	06
普通伤口处理	11
烫伤	14
洪水	18
中暑	21
热射病	25
食物中毒	30
蜱虫叮咬	34
近视＆远视	38
流鼻血	44
换牙、蛀牙	48
流行性腮腺炎	52
手足口病	56
水痘、麻疹等出疹性疾病	60
流感	66

狂犬病	71
噎食	75
霍乱	79
蚊虫叮咬	82
睡眠健康	87
心理健康——自我认知	90
心理健康——网络心理	94
心理健康——人际关系	99
心理健康——心理健康品质	102
常见的心理健康问题及对策	106
白血病	112
淋巴瘤	117
脑瘤	122
骨软组织肿瘤	125
均衡膳食	130
肥胖	135
体育锻炼	138
合理选择零食	143
对含糖饮料说不	146
必需维生素的摄入来源与缺乏症	150
吃好早餐	154
健康闯关大作战	159

手卫生

世界卫生组织（WHO）于2009年倡议将每年的5月5日定为世界手卫生日。2022年5月5日是第14个世界手卫生日，主题是"Unite for safety, clean your hands"（为健康安全而团结，请清洁您的双手）。

你看，连世界卫生组织都强调了清洁双手的重要性，我们是不是也应该好好了解一下相关的知识呢？

1. 同学们知道为什么要洗手吗？

我们的双手每天要做很多事情，比如做游戏、玩玩具、穿鞋、打扫卫生、上卫生间等。现在，伸出你的双手，你知道你的双手上面实际上布满了细菌等微生物吗？据估计，1平方厘米的手掌，可携带3500～4500个细菌，每个指甲缝内会有4.5万～5万个细菌。而一双没有洗过的手，上面的细菌数量甚至可以达到80多万个。如果没有养成洗手的好习惯，再用这双满是细菌的手抓食物、揉眼睛、摸鼻子，细菌等微生物就会趁机进入体内，就容易导致疾病的发生。所以，洗手是日常生活中最简单有效的防病措施，是预防疾病的第一道防线。

很多同学就是因为手摸完脏东西之后不好好洗手就吃东西，手上的细菌等微生物随着食物吃进了肚子里导致拉肚子甚至出现更严重的情况，所以大家一定要勤洗手哦！

2. 手的哪些部位容易弄脏呢？

手心、手指缝、手指尖、指甲缝、大拇指，这些部位是最容易容纳细菌等微生物的，所以我们要勤洗手，这样我们就能第一时间把它们拒之"体"外了。

手卫生

3. 哪些时候应该洗手？

除了饭前便后要洗手之外，还有很多情况也是必须要洗手的。例如：在手接触眼睛、耳朵、鼻子前；在接触血液、鼻涕、痰液后；做完值日卫生后；在室外玩耍，接触宠物后；外出回家时；接触过公共物品（如钱币、公交车、地铁和电梯的扶手、按钮等）后。

4. 应该如何洗手呢？

当然要使用六步洗手法啦！

（1）洗掌心：用流水湿润双手，涂抹洗手液（或肥皂），掌心相对，手指并拢相互搓洗。

（2）洗掌背：手心对手背沿指缝相互揉搓，双手交换进行。

（3）洗指缝：掌心相对，双手交叉沿指缝相互揉搓。

（4）洗指背：弯曲各手指关节，半握拳把指背放在另一手掌心旋转揉搓，双手交换进行。

（5）洗拇指：一手握住另一手大拇指旋转搓洗，双手交换进行。

（6）洗指尖：把指尖合拢在另一手掌心旋转揉搓，双手交换进行。

健康生活，从正确洗手开始。

不管是大朋友，还是小朋友，日常生活中都要时刻注意手卫生，特别是在饭前便后，都要及时、正确地清洗双手哟！

另外，洗手的时候建议使用抗菌洗手液或肥皂，并且使用流动的水进行冲洗。

手卫生

5. 那么有的同学就会问,细菌那么小,而且一般的自来水里都有细菌,那这样洗手不还是洗不干净吗?

能够问出这个问题的同学,说明你联系生活非常认真地思考了洗手的意义,真棒!

事实上,并不是所有细菌都是致病的。

我们大家手上的细菌可以分为常居菌和暂居菌。常居菌是指在人体的皮肤中经常性存在的一些固有的微生物,这些微生物在绝大多数人的手中都可以分离出来,一般不会导致疾病。暂居菌是指通过接触物体而暂时寄居在皮肤上的微生物,它是最常见的在疾病传播过程中发挥非常重要作用的一类细菌。但是同学们不用太过担心,暂居菌基本上是可以通过日常认真洗手被清除掉的。

总而言之,我们认真洗手,虽然不能完全去除手上所有的细菌,但是可以去除那些让我们生病的绝大部分的细菌。这样,你应该能更深刻地明白洗手的重要性了吧。勤洗手,才是"硬道理"。

同学们都是祖国的花朵与未来,只有在日常生活中培养良好的卫生习惯,才能保障自身的身体健康,才有希望为祖国的建设贡献自己的力量!

饮食卫生

中国有句老话：病从口入。你知道吗？没烤熟的猪肉可能含有猪带绦虫、校门口售卖的你爱吃的小零食很可能是三无产品、过期的牛奶里可能含有沙门菌……

这一切不注意饮食卫生的行为都会对身体造成一定的危害，甚至危及生命。关注饮食卫生、了解饮食安全常识可以帮助我们远离危害生命健康的源头。

2015年世界卫生日（4月7日）的主题为"食品安全"，世界卫生组织提出了"食品安全五要点"指南，指出保障食品安全的五要点是保持清洁、生熟分开、做熟、保持食品的安全温度、使用安全的水和原材料。

饮食卫生

1. 保持清洁，勤洗手，注意手卫生

在我们的日常生活中，无论是空气中还是我们接触的物品上都存在很多微生物，因此我们的双手常常会有很多细菌等微生物。如果吃东西前不洗手，直接用手接触食物，细菌等微生物就很容易随食物进入体内，对我们的身体健康造成危害。

勤洗手能有效减少手上的细菌等微生物，预防胃病、手足口病、红眼病等。还记得六步洗手法吗？正确洗手是健康生活的第一步。

2. 生熟分开，食物彻底做熟

生食一般指未经过烹饪的新鲜原料及半成品原辅料。熟食指经过加工的可直接食用的食物如熟肉、午餐肉、凉菜等。

生食常常存在不同程度的微生物污染，因此，将生熟食物分开可以有效防止生熟食物之间的交叉污染。

彻底做熟是有效保证食品安全的重要手段，尤其是肉、禽、蛋和水产品等易受微生物污染的动物性食物。彻底做熟要做到温度足够高（中心温度＞70 ℃）和加热时间足够长。

3. 警惕剩饭剩菜的安全隐患

世界卫生组织提出的"食品安全五要点"中明确建议：熟食在室温（25 ℃左右）下不得存放 2 小时以上，应该及时冷藏（5 ℃以下），不要在冰箱中存放超过 24 小时，剩饭剩菜加热的次数不应该超过 1 次。

剩饭剩菜的安全隐患取决于食物在存储过程中是否发生变质或是否产生有害物质。微生物繁殖造成食物的变质以及亚硝酸盐增多，能引起食物中毒并有致癌风险。

亚硝酸盐本不具有致癌性，但在胃酸中，亚硝酸盐可与胺类物质反应生成亚硝胺。而亚硝胺具有致畸性和致癌性，为一级类致癌物。

因此应尽量少吃或不吃剩饭剩菜，如果要吃剩饭剩菜，一定要彻底加热，防止食物中毒。

饮食卫生

4.注意生产日期,拒绝三无产品

三无产品一般是指无生产日期、无质量合格证以及无生产厂家,来路不明的产品。三无食品大都由不正规的工厂生产,有的可能已经过期,或含有不被允许添加的色素和防腐剂等。食用了这一类食品,轻则腹痛,重则呕吐、腹泻,甚至食物中毒,威胁生命安全。还有些不法商家使用致癌致畸化学品处理食材,食用后果不堪设想。

这类食品过多食用还易造成未成年人肥胖、厌食、营养不良等,对正常发育造成不良影响。

最后用一个顺口溜来总结,帮助大家记忆以上注意事项。

病从口入要小心,饭前洗手须牢记。

肉类蔬菜分开洗,家禽肉蛋要煮熟。

食前注意生产期,剩饭剩菜要丢弃。

三无食品不能吃,饮食卫生放第一。

普通伤口处理

　　同学们在日常生活中难免磕磕碰碰，那么受伤之后应当如何处理呢？首先我们应当对伤口进行简单的判断和分类。如果只是简单的局部擦伤，那么我们可以用碘伏对伤口进行消毒，然后用纱布或创可贴进行包扎，伤口结痂前应当注意避免伤口碰水；若为简单的挫伤，伤口初期可以局部冷敷或冰敷，有利于减轻肿胀和皮下出血的症状，12小时后可以改为热敷，能够促进血液循环，起到活血化瘀的作用，受伤程度较轻者一般不需要到医院就诊；但如果发现受伤部位的肌肉或者骨头外露，也就是医学上所称的"开放性损伤"，这时就需要到医院进行专业处理，否则很容易发生感染，这种情况大家要立即告诉父母老师，并前往医院就诊，进行清创、缝合，必要的时候可能需要注射破伤风抗毒素；如果发现受伤部位出现畸形和异常的活动，那么表明很可能出现了骨折，在这种情况下，一定不能随意移动骨折部位，否则可能造成额外的损伤，应当立即拨打120，等待专业医务人员的处理。

普通伤口处理

1 局部轻微擦伤

碘伏处理，保持干燥

2 开放性损伤

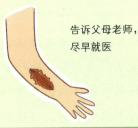

告诉父母老师，尽早就医

3 骨折

不要自行移动骨折部位，及时拨打120

普通伤口处理

扭伤对于很多经常进行体育运动的同学来说应该是比较常见的，这里我们向大家推荐"POLICE"原则来处理扭伤，一共分为五个步骤。

P(protect)：保护。应当及时休息，减少受伤部位的负重，必要时可以使用支具等辅助固定。若有明显肿胀、畸形、出血等症状，建议立即就诊。

OL(optimal loading)：合适的负重。建议受伤后 2～3 周开始逐渐进行受伤关节、肢体的活动。过早负重可能加重受伤部位的肿胀疼痛，但迟迟不进行负重锻炼则会导致受伤部位关节僵硬等。

I(ice)：冰敷。可以用冰袋进行冰敷，但应当注意防止冻伤，可将冰袋外用厚毛巾垫隔，或者间断持续冰敷。

C(compression)：加压包扎。包扎时应当注意松紧适中，过紧会影响血液循环，过松则起不到相应的作用。

E(elevation)：抬高患肢。患肢应当抬高高于心脏，有利于血液回流，减少受伤部位的肿胀。

烫 伤

一杯热气腾腾的奶茶、一碗新鲜出炉的热汤,这些生活中的常见事物,可能会在某个瞬间对我们造成伤害。比如,沸腾的热水只需要1秒钟就可以烫伤我们的皮肤。

大家在平时有关注过身边的高温物体吗?生活中有哪些可能烫伤我们的高温物体呢?

让我们来看一看身边的高温物体吧:火炉、热水瓶、淋浴器、烧开的水或汤、打火机、火柴……

烫 伤

在玩耍的时候一定要远离这些高温物体,使用时也要万分小心哦。

现在我们知道了,高温物体会烫伤我们的皮肤,其实长时间接触高于我们体温的低热物体也会烫伤我们的皮肤。比如,当我们的皮肤接触 60 ℃左右温度的物体持续 5 分钟以上时,也有可能造成烫伤,这种烫伤就叫作低温烫伤,也是我们生活中很常见的烫伤。

大家有被烫伤的经历吗?

皮肤被烫伤后,会感到疼痛,烫伤处还会发红发肿,严重时甚至会出现大大小小的水泡。那么在生活中,我们该怎么保护自己呢?其实,防止烫伤的"武功秘籍"就蕴藏在我们生活中一点一滴的小细节中。

武功秘籍

秘籍第一式:使用热水袋时,盖子要拧紧,用毛巾包裹起来使用。

秘籍第二式:远离火炉、煤气灶和熨斗。

秘籍第三式:热水瓶轻拿轻放,力气不够时可以让大人帮忙。

秘籍第四式:父母在厨房做饭时不要在厨房玩耍,防止锅里的热油溅出来烫到我们。

秘籍第五式:不玩打火机、火柴或其他可以打火的物品。

秘籍第六式:使用电热毯要注意时间,把被窝加热好之后就及时把它关掉。

如果我们被烫伤,一定要第一时间告诉父母、老师或者周围的大人。但我们独自一人时,处理烫伤也有小妙招。

烫 伤

处理烫伤"五字诀"！快来一起学一学吧！

第一诀：冲。当我们被烫伤时，一定要第一时间远离烫伤我们的物体，然后用自来水冲洗烫伤部位，直到感觉不疼为止。

第二诀：脱。如果被烫伤的地方被衣服包住了，要将衣服用冷水泡湿后小心脱掉，必要时剪开衣物。如果衣服黏在烫伤部位上，可以保留被黏住的衣服，一定不能强行脱掉，以免弄破烫伤部位的皮肤加重伤情。

第三诀：泡。如果烫伤部位还在疼痛，就继续将伤口浸泡在干净的冷水中15～30分钟。

注意：不可以使用冰水，也不能将伤口长时间浸泡在冷水中。

第四诀：盖。如果被烫伤的部位面积很大或者受伤的皮肤已经破损，要用清洁的毛巾或纱布轻轻地盖在伤口上，这样做可以预防伤口感染。

第五诀：送。当我们做完前几步之后，最重要的最后一步就是尽快通知身边的大人，让大人送我们去医院接受医生的进一步治疗。

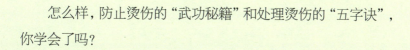

怎么样，防止烫伤的"武功秘籍"和处理烫伤的"五字诀"，你学会了吗？

洪　水

　　同学们，你们一定听说过抗洪救灾的英雄故事吧！1998年夏，我国江南、华南大部分地区及北方局部发生了百年不遇的特大洪水，数万名人民解放军、武警官兵以及抗洪干群，在中国共产党和政府的领导和指挥下，发扬"万众一心、众志成城，不怕困难、顽强拼搏，坚韧不拔、敢于胜利"的伟大抗洪精神，舍生忘死，浴血奋战，终于成功地将一个个决口堵住，创造了在世界第三大河流上、在超历史高洪水位情况下堵口成功的人间奇迹。虽然我们最终战胜了1998年特大洪水，但它给人民的生命财产带来了难以估量的巨大损失，而且我国是一个洪灾频发的国家，因而我们有必要去了解有关洪水的知识，以便在紧要关头从容应对。

洪水

洪水是一个可怕的"大怪兽",它会淹没我们的房屋、庄稼、树木花草。它是由暴雨、急骤融冰化雪、风暴潮等自然因素引起的江河湖海水量迅速增加或水位迅猛上涨的水流现象。

洪水这样可怕,当我们遇到它时该怎么办呢?不要害怕,经过长期的经验积累,我们总结了应对洪水的常用方法。洪水来临时,如果还可以进行转移,那么我们要迅速转移到牢固的高层建筑上面避险,尽快与相关救援部门取得联系,收集各种可漂浮的物品(如木板、木盆、游泳圈等)。若是不能进行转移,那么我们需要及时自救。为防止洪水涌入屋内,先堵住大门下面所有的空隙,最好在门槛外侧放上沙袋,沙袋可以是里面塞满沙子、泥土、碎石的麻袋、草袋、布袋或塑料袋。如果洪水不断上涨,尽量储备一些食物、饮用水、保暖衣物以及烧开水的用具,保护好自身的安全,等待救援。

在救援人员带我们脱险以后,洪水就远离我们了吗?并不是,它还给我们带来了其他危害。首先是饮水设施被破坏,造成水源被各种有害生物、病原体污染,如果我们将这些被污染的水作为生活用水和饮用水,容易引起肠道传染病。其次是自然环境会发生显著性改变,洪水冲垮、淹没了房屋,蚊虫、苍蝇、老鼠等与人群接触的机会增多,容易暴发登革热、出血热、乙脑等传染病。此外,受灾时食物匮乏、营养不足,再加上焦虑、紧张等情绪,使机体的自我调节功能受到影响,对疾病的抵抗力下降,让传染病有机可乘。

面对"大怪兽"留下的"小怪兽",大家不要担心,我们有办法将它们彻底消灭。第一,洪涝灾害后要注意饮水安全,确定水源卫生性,不使用和饮用被污染的水,不吃被洪水浸泡过的和腐败的食物,防止病从口入,注意个人卫生。第二,灾后要及时清理周边垃圾及残留物,做好家园重建,对居住环境进行打扫、消毒。第三,灾后应合理补充营养,确保膳食营养均衡,积极锻炼身体,提高自身免疫力,适当放松紧绷的情绪,看看电视、玩玩游戏、聊聊天。在洪水过后,同学们一定要提醒家长做好后期防护措施,不管是身体还是心理出现任何异常,都要及时和爸爸妈妈说哦!

中　暑

暑假一到,"超长待机"的"烧烤模式"让越来越多的人中暑倒地。中暑看起来事小,却不得不防,因为严重的时候可能危及生命。同学们一定要牢记中暑的急救方法和预防小妙招哦!

1. 中暑了怎么办?

一移：将中暑者迅速转移至阴凉通风处并脱去衣物，同时可通过扇风加快汗液蒸发、促进散热。

二敷：用凉水喷洒中暑者全身并用湿毛巾擦拭，在手腕及太阳穴处涂抹风油精，同时用湿毛巾进行冷敷。

三饮：若中暑者出汗较多且呼吸急促，可适当喂服淡盐水、绿豆汤、酸梅汤等，但须注意不可过量饮用。

注意：中暑者如经上述常规处理后症状未见缓解，则应及时就医处理。

2. 我该怎么预防中暑呢?

一躲：躲避烈日暴晒，做好遮阳防护。

外出活动玩耍时尽量避开中午高温时段，因为这个时间段光照最强，发生中暑的可能性也最大，如果此时不得不外出，那么一定记得要打遮阳伞或戴遮阳帽、涂防晒霜等，避免晒伤皮肤。衣服首选棉麻、丝绸等材质，浅色，透气性好的，少穿化纤类服装，以免大量出汗时不能及时散热，引起中暑。

二补：少量多次饮水，适当补充电解质。

预备充足的水和饮料，每天保证 1.5～2 升饮水量，不要等到口渴时才喝水，也不要一次性大量饮水，每次饮水量控制在 150～200 毫升，少量多次饮用，并且尽量饮用温开水。如果出汗较多也可以适当喝一些淡盐水。

三洗：用水冲洗，及时散热。

洗澡或用湿毛巾擦拭皮肤，当你觉得特别炎热的时候可以用温凉水冲淋头部和颈部，使水分蒸发，帮助散热。

四吃：合理饮食，保证营养。

多吃冬瓜、黄瓜、西红柿、桃子、西瓜、甜瓜等含水量高的新鲜蔬果补充水分；乳制品既能补水，又能满足身体的营养需求，是夏季绝佳的饮品。

五睡：合理安排作息，保持充足睡眠。

夏天日长夜短，人体新陈代谢旺盛，消耗大，容易感到疲劳。充足的睡眠可以帮助大脑和身体各系统得到放松，这也是预防中暑的有效措施。大家记得要在每日 23 点之前入睡，次日 6—7 点起床哦。睡觉的时候不要躺在空调出风口处或者让电风扇直吹，小心患上空调病和热伤风。

六防：配备防暑药品。

在户外活动的时候，可让家长准备藿香正气水或藿香正气丸等防暑药品，方便随时使用，以防发生中暑。

注意：老年人、孕产妇、婴幼儿、慢性病患者等特殊人群易发生中暑。同学们一定要避免在高温高湿的环境中玩耍或学习，注意多饮水，多排尿，促进体内多余热量排出，同时也要避免长时间待在空调房内，空调房需每日开门窗通风换气至少2次，空调温度不宜过低，而且不要频繁在温差较大的环境中移动。

热射病

中暑经常在炎热的夏天发生，而热射病是中暑最严重的情况，属于重症中暑，这是由于在高温高湿环境中身体调节功能失衡，产热大于散热，导致核心温度迅速升高，超过了40 ℃，会感觉到皮肤有火辣辣的灼烧感（皮肤灼热）甚至晕过去（意识障碍）等，热射病一旦发生，死亡率极高。近年来的夏季，全国各地出现了不少热射病的案例，这提醒着同学们，一定要在炎热季节好好预防热射病，学习一些简单的处理方法是很有必要的！

1. 热射病的常见症状

（1）体温升高：热射病的主要特征。核心温度多在40 ℃以上。

（2）意识障碍：早期会出现严重神经系统损害，表现为想睡觉甚至直接晕倒等。部分患者后期可能遗留长期的中枢神经系统损害，主要表现为注意力不集中、记忆力下降等。

（3）其他症状：头痛、恶心、皮肤灼热、体温升高、无力等。

热射病

2. 热射病高危人群

（1）劳力型热射病：经常发生在夏季剧烈运动的青壮年人群，如夏季在室外工作的工人、消防员等。

（2）经典型热射病：经常发生在儿童、老年人和孕妇，或者有慢性基础性疾病的人身上。

3. 热射病的预防

（1）预防中暑，及早识别中暑征兆，如头晕口渴、一直出汗、没有力气等。

（2）天气太热的时候尽量少出门，待在有风扇、空调的凉快地方。

（3）在户外，不要穿深色过厚的衣服，最好穿浅色宽松的衣服。

（4）热爱运动的同学千万要避免在湿热的地方剧烈运动，外出时最好戴遮阳帽或打伞，尽量选择凉快通风的地方运动，运动前多喝水，可以防止身体缺水哦。

（5）注意合理喝水，不要大量凉水"一口闷"，最好分小口喝，这样肠胃才可以很好地吸收水分。

注意：建议同学们不要喝酒精性和含糖量高的饮料哦！

青春无恙——写给青少年的健康科普

（6）不要贪凉吃太多雪糕冰激淋，胃肠道会受不了的，很可能导致发热、肚子痛。

（7）不要自己一个人留在车内或狭小的密闭空间内，这样会导致呼吸困难。

（8）同学们要记得定期或暑期前体检，尽早发现和治疗慢性基础性疾病。

（9）一定要避免突然从较低温度的环境到高温环境，或者从高温环境迅速转到低温环境。若两个地方的温差过大，则会导致身体难以出汗，不能很好地散发身体积累的热量。

热 射 病

4. 热射病的现场急救

如果遇到热射病患者,同学们该怎么做呢?首先,不要慌张,用自己的手机或者向附近的大人求助拨打120急救电话;其次,帮助患者到阴凉的地方休息;最后,如果身边有温水,可以用温水给患者擦拭身体,可以起到降温的作用。在整个急救过程中,同学们一定要先保护好自己,防止自己得热射病。

同学们,以上就是关于热射病的介绍,看完这些,你是否对热射病有了一定的认识呢?

食物中毒

我们经常会在新闻上看到或者听别人说起有人食物中毒了,你知道食物中毒是什么吗?

食物中毒

食物中毒是指我们日常吃的食物沾上了细菌、病毒或真菌等微生物，或食物中含有毒素而引起的急性或慢性中毒反应。

什么是微生物和毒素呢？微生物是一种我们用肉眼看不到的，需要用放大镜才能看到的生物，它们无处不在，你的手上有、你的课桌上有、你周围的空气中也有，不过也不用害怕，因为只有很小一部分微生物会对我们的身体造成伤害。至于毒素通常指那些比较"调皮"的微生物分泌到外界，使我们的身体产生一些不良反应的物质。

说了这么多，你可能还是不知道哪些食物可以吃，哪些食物不能吃，现在我要告诉你一些常见的可以引起食物中毒的食物，如毒蘑菇、发芽的土豆、没煮熟的扁豆、新鲜的黄花菜、泡久了的木耳、腌制时间过短的咸菜、放置过久的剩菜等，都有一定的概率导致食物中毒。

我们该如何判断身边的同学有没有食物中毒呢？食物中毒有一些常见的表现，那就是恶心、呕吐、腹痛、腹泻。可能你的小脑瓜又冒出了一堆问号——这是为什么呢？我们每天吃的食物都是在胃肠道里被消化的，当食物带有毒害作用的微生物或毒素时，它们会破坏我们的胃肠道，使得所进食物无法被完全消化吸收，会对胃肠道造成强烈的刺激，从而出现上述症状。

此时,机智的你是不是还想到了动画片里的小动物吃了那种长得很漂亮的蘑菇后就会有头冒金星、昏迷、口吐白沫的画面?没错,这也是食物中毒,不过这就不是由食物沾染微生物或毒素引起的中毒了,而是蘑菇自身引起的。自然界的蘑菇中,有些是有毒的,有些是无毒的,当不能识别是否无毒时建议不要采摘和食用。

当我们看到身边的小伙伴有恶心、呕吐、腹痛、腹泻等症状时,不妨大胆猜测他是不是食物中毒了。那么食物中毒了该怎么办呢?

这时我们要冷静,最好先把小伙伴放在空气新鲜、通风良好的环境中,比如把门窗打开,也可以吹风扇使空气流通但是不要对着人吹。

如果食物中毒不久而无明显呕吐症状,可以用手指、筷子等按压舌根部的方法催吐;如果食物中毒时间较长但精神尚可,那么我们可以采用导泻的方法,就是吃泻药,但同时一定要记得补充盐水,不然很有可能造成脱水!

如何预防食物中毒?

1. 养成良好的卫生习惯。

2. 保持厨房和厨具的清洁卫生,可以帮父母打扫一下厨房的卫生!

3. 生熟食物分开装,分开切。

4. 食物一定要做熟,不能吃生。

5. 加工烹调好的食品,最好现做现吃。

6. 不知不食,很多野菜也许是毒物,一定要谨慎!

蜱虫叮咬

炎热的夏天,当同学们在树林草丛里游玩时,可能在不知不觉中被可恶的蜱虫叮咬,从而染上疾病。为了同学们能在游玩时及时发现,及时治疗,避免更严重的后果,让我们好好了解如何应对蜱虫叮咬吧!

1. 什么是蜱虫?蜱虫叮咬有什么后果呢?

蜱虫是一种可吸血,多在白天侵袭宿主,携带多种病原体,传播疾病的虫子。它的背部看起来像背了一面盾牌,吸完血后身体可膨胀数倍。它的嗅觉很敏锐,与宿主相距15米时即可感知,一旦接触宿主即迅速攀爬而上。蜱虫大多寄生在皮肤较薄、不易被搔抓的部位,如人的脖子后面,耳朵后面,腋窝和大腿内侧等处。

蜱虫最初叮咬时通常感觉不到疼痛，在叮咬后 24～48 小时局部会出现不同程度的红、肿、热、痛，轻者局部仅有红斑，中央有一虫咬的瘀点或瘀斑，重者瘀点周围有明显的水肿性红斑或丘疹、水疱，时间稍久可出现坚硬的结节，抓破后形成溃疡，结节可持续数月甚至数年不愈。

被蜱虫叮咬后大多起病急而重，主要症状为发热，伴全身不适、头痛、乏力、肌肉酸痛，以及恶心、呕吐、腹泻、厌食、精神萎靡等。有些蜱虫在叮咬吸血过程中还会分泌神经毒素，导致运动性纤维神经传导障碍，引起上行性肌肉麻痹现象，甚至可导致呼吸衰竭而死亡，称为蜱瘫痪。与成人相比，蜱瘫痪多见于儿童，如能及时发现，将蜱虫除去，症状即可消除。

另外，蜱虫携带多种病原体，主要传播森林脑炎、新疆出血热、蜱媒回归热、莱姆病、Q 热、北亚蜱传立克次体病、无形体病等，还可以引起红肉过敏症。

2. 如何应对蜱虫叮咬呢？

当发现蜱虫叮咬时，它的口器通常已经紧紧咬住皮肤了。这时一定要保持冷静，及时告知家长，千万不要用手捏它、拽它，甚至用打火机烧它。因为蜱虫的口器里长着倒刺，若是暴力拉拽或突然刺激，蜱虫的口器很可能因此断在皮肤里，这时就需要通过手术方式，切开皮肤取出虫体，那就更痛啦！所以，应对蜱虫叮咬，应保持冷静，不暴力拉拽它，及时去医院处理，不可耽误。

3. 如何预防蜱虫叮咬？

蜱虫大多栖息在草木茂盛之处，为了预防蜱虫叮咬，在选择游玩地点时，应尽量避开树林和草丛。在野外游玩时，应戴好帽子，避免蜱虫从树上落到头上；穿长裤长衣，把裤腿扎进袜子或鞋子，不暴露皮肤，采用物理手段防御蜱虫；建议穿浅色衣物，更容易发现落在上面的蜱虫。

如何让蜱虫远离我们呢？含避蚊胺的驱蚊水是不错的选择。

从野外回家时，也要及时检查宠物身体和自身皮肤较薄或褶皱处，比如脖子后面、腋窝、耳朵后面、大腿内侧等处。

应对蜱虫叮咬，以预防为主。在炎热的夏天，蜱虫活动频繁，同学们皮肤娇嫩，大多又穿得较少，暴露的范围较大，正是蜱虫最好的选择。为了自身的健康，也为了充分享受夏日假期，同学们一定牢记预防步骤，正确穿衣，及时检查自身哦！

近视&远视

想必大家都听过这样一句话:"眼睛是心灵的窗户。"眼睛是人类感官中重要器官之一。不当的用眼习惯会伤害到我们的眼睛,影响我们的视力。今天,就让我们从认识近视和远视开始,学习一些护眼小知识吧!

远视,顾名思义就是看较近距离的物体比较模糊。远视是一种常见病,它常见于中老年人。远视患者看近处的物体会发生重影,长时间阅读、写作、绘画及使用电脑会引起眼睛疲劳甚至头痛。

近视则相反,近视患者可以看清近处的物体,但是较远距离的物体却看不清。与远视不同,近视在所有年龄段的人群均可发生。近视患者的眼睛容易疲劳,长时间用眼可以引发头痛症状。

近视&远视

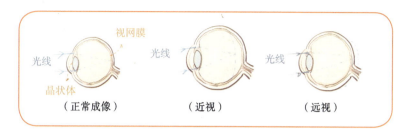

（正常成像）　　　（近视）　　　（远视）

无论是近视还是远视，都会影响我们的日常生活。为了呵护我们的视力，我们需要培养正确的用眼习惯和良好的生活习惯。接下来，就让我们一起学习该如何预防近视吧！

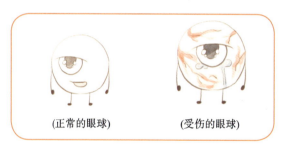

(正常的眼球)　　　(受伤的眼球)

1. 规范读写姿势

读书写字时，要做到"一尺、一拳、一寸"，即眼睛离书本一尺、胸部离桌子一拳、握笔写字时手指离笔尖一寸。不要在走路、吃饭、卧床时，晃动的车厢内、光线暗弱或阳光直射等情况下看书或使用电子产品。

近视&远视

2. 注意用眼时间

读书写字的连续用眼时间不宜超过 40 分钟。每 40 分钟左右要休息 10 分钟，可远眺或做眼保健操等。使用电子产品学习 30 ～ 40 分钟，应休息、远眺放松 10 分钟。非学习目的使用电子产品每次不应超过 15 分钟。

3. 做好眼保健操

做眼保健操时，注意力要集中，闭上眼睛，认真、正确地按揉穴位，以感觉到酸胀为度。

4. 保持良好生活作息

要保证充足的睡眠时间，小学生每天应保证 10 小时的睡眠时间，初中生为 9 小时，高中生为 8 小时。要保持饮食均衡，荤素搭配，少吃甜食和含糖饮料，多吃鱼类、水果、绿色蔬菜等有益于视力健康的营养食品。要多进行体育活动，建议每天进行 2 小时以上的户外活动，足量的户外活动可以在一定程度上抵消近距离用眼的危害。户外的自然光还会刺激视网膜分泌多巴胺，而多巴胺可以让眼轴增长得慢一点，阻碍近视的发生。

5. 定期检查视力

建议每半年检查一次视力，内容包括裸眼视力、戴镜视力（如有戴镜）和眼轴长度的测量等。有利于近视的"早发现、早干预"。

除了以上 5 条建议外，还有以下几点护眼小知识要注意！

Q：一旦确诊为真性近视，还能不能恢复？

A：以当下的医疗技术条件，真性近视是不可逆的，一

近视&远视

旦被确诊为真性近视，我们只能通过努力，好好保护眼睛，控制近视度数的增长。所以我们平常就要树立保护视力的意识，积极预防和控制近视。

Q：低度数近视可以不戴眼镜吗？

A：不可以，及时佩戴合适度数的眼镜可以帮助近视患者清晰地看东西，缓解视疲劳，有利于控制近视的进一步发展。如果近视了却长期不戴眼镜，视网膜一直都成模糊像，大脑中枢会通过一定的补偿机制（例如：动眼调节、眯眼、歪头等）来改善这种模糊像从而提高清晰度，长时间会导致视疲劳，可能造成近视度数增长。

Q：手机的"护眼模式"真的有效吗？多看绿色能护眼吗？

A：手机的"护眼模式"只是过滤一部分蓝光，让屏幕看上去不那么刺眼。"护眼模式"再厉害，畅玩手机几个小时，也是"毁眼模式"。多看绿色也不能护眼。我们常说的"眺望远处的绿色能缓解眼疲劳"这句话的重点是"远处"，而不是"绿色"，所以把手机、电脑等电子产品的壁纸调成绿色系或在桌上放绿植，并不能护眼。

最后，还要再次提醒同学们，要保护好视力，对近视要做到"早发现、早干预"。如果发现自己看不清黑板上的字、看远处需要眯眼才能看清，要及时地向家长反映自己的情况。希望大家都能培养健康的用眼习惯，守护我们的"睛"彩世界。

流鼻血

"呀,你的鼻子怎么流血了!"每个人应该都亲身经历过或看见过别人流鼻血的情况,有时是抠鼻子太用力导致流血,有时是擤鼻涕时发现纸巾上有血丝,甚至有时本人没有任何感觉,直到鼻血流出来时被其他人看到才发觉。

那么我们为什么会流鼻血呢?电视剧里经常看到这样的剧情:一个人经常流鼻血,去医院检查后发现是白血病。所以流鼻血真的是身体给我们的警报吗?频繁流鼻血或者出血量较大,难以止血,的确可能是某些严重疾病的早期表现,但日常生活中我们遇到流鼻血也不必过于惊慌。事实上,绝大部分人流鼻血都没有严重的基础疾病,只是因为我们鼻部的血管非常

流鼻血

丰富而表浅，容易由于鼻腔干燥、挖鼻孔等刺激损伤黏膜而出血。

流鼻血时应该如何处理呢？相信大家或多或少都听说过一些流鼻血的紧急处理方法，比如头向后仰、左边鼻孔流血高高举起右手、右边鼻孔流血就举起左手等，但是这些方法真的有用吗？答案是否定的。当头向后仰时，流出来的血看起来是减少了，但事实上出血并没有被止住，只是血液的流向改变了，本来应该从鼻孔流出的血液向后流，通过与鼻腔相连的咽喉部流进了肚子里。所以，仰头不能止血，反而可能因血液进入胃肠道，导致腹痛、恶心、呕吐，还可能流向气管引起呛咳。而举起对侧手臂止血的方法也没有可靠的医学证据证明是有效的。

流鼻血时正确的做法应该是：头稍低，身体向前倾，防止血液倒流下咽；用食指和拇指按压鼻翼，持续按压5～10分钟，具体按压位置在鼻侧的中间，大家可以捏捏自己的鼻子，感到软硬交界处即是正确部位；有条件的可用冰袋敷在后颈、前额以及鼻骨处，使局部血管收缩以达到止血目的，如果一时难以找到冰袋，任何低温的东西都可以用来冷敷哦，比如湿毛巾、冰饮料等。一般几分钟就可以成功止血。但是，如果出血量非常多，难以止血，或经常出现没有任何诱因的流鼻血，应该及时去医院就诊。

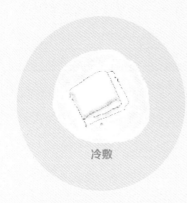

冷敷

虽然流鼻血一般不会造成严重后果，但当我们在学习、玩耍时突然流鼻血还是会影响心情，那有没有什么办法可以预防流鼻血呢？前面有提到，干燥、挖鼻孔容易导致流鼻血，那我们就从这些诱因下手，不让它们损伤我们的鼻黏膜。气候干燥时，我们可以使用生理盐水鼻喷剂湿润和冲洗鼻腔，外出时戴好口罩，在室内使用空气加湿器。

流 鼻 血

生理盐水　　　戴口罩　　　加湿器

另外，多喝水也有利于缓解鼻腔干燥。用手指抠鼻孔可不是一个好习惯，用力抠挖会直接损伤鼻黏膜，我们的指甲缝里还藏有许多细菌，易导致鼻腔感染发炎。擤鼻涕时不应太过用力，正确方法是用手指按压住一侧鼻孔，稍用力擤出对侧鼻涕，然后换另一边，左右交替进行。

换牙、蛀牙

"哎呀!哎呀!"俗话说,牙疼不是病,疼起来真要命。

人的一生中要长两次牙齿(分别是乳牙和恒牙)。乳牙有20颗,通常在出生后6个月左右开始萌出,2—3岁长齐;到了5—7岁时,就会开始慢慢换掉乳牙,长出恒牙,这一过程会持续到12—13岁。自然脱落的乳牙没有根,脱落面呈蚕食状。恒牙有28～32颗,其中有0～4颗智齿。

在日常生活中,我们常提到的蛀牙,医学上称为"龋齿",牙齿发生了龋病,就成为龋齿。这可不是牙齿里钻进小虫子了,龋齿的形成就像老鼠钻洞一样,由浅入深,经常表面看起来不明显,实际上深部已经龋坏很大了。若得不到及时治疗,它会

换牙、蛀牙

不断地破坏牙齿硬组织,直至细菌感染牙神经和血管,从而继发牙髓炎和根尖周炎,更严重的还可能导致牙齿脱落。

牙齿保卫战,刻不容缓!

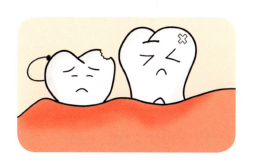

1. 保持口腔卫生,口腔健康是关键

要坚持每天早晚刷牙,儿童应选用儿童专用的牙膏和牙刷,最好使用含氟牙膏。并掌握、运用正确的刷牙方法,使食物残渣彻底清除干净,保持口腔清洁,有效预防龋齿的发生。比起成人的牙齿,乳牙排列相对较松,牙缝更容易出现食物嵌塞,为了预防龋齿,建议当牙齿慢慢靠拢可以碰到一起时,就可以使用牙线辅助清洁了。

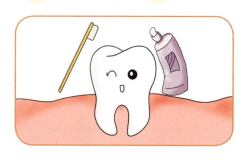

2. 加强营养，培养良好的饮食习惯

注意饮食中钙、磷、氟的摄入量，食用含丰富纤维素的食物，牙釉质钙化好，抗龋能力就高。不吃过多的甜食，少吃零食，吃完甜食和零食后，及时漱口，睡前刷牙后不再进食。

3. 及早发现和纠正不良习惯

在换牙期间会感觉到牙龈痛和痒，一定不能用舌头去顶，或者用手去摩擦，这样容易引起牙齿变形。及早纠正吮指、吐舌、舔牙、咬铅笔、偏侧咀嚼、咬嘴唇等不良习惯。

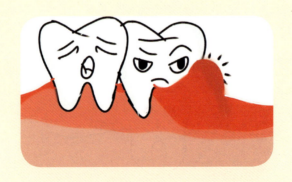

换牙、蛀牙

4. 定期检查

发现龋齿,及早治疗。乳牙未退,相应恒牙已萌出时,应将乳牙早期拔除。在换牙期间,一定要定期检查,如果长出的乳牙缝隙过大,或者牙齿严重畸形,一定要及时看牙医。

5. 要特别保护儿童6岁左右长出的第一颗恒磨牙——六龄齿

因为它对整个口腔的牙齿有定位和定高的作用,对颌骨和面部的发育有很大影响,对于其他恒牙的萌出以及排列也起了重要的作用。

6. 心理护理

换牙期孩子的自尊心已经建立起来,对于牙齿好不好看,嘴上不说,心里却很在乎。如果以此捉弄,孩子会产生自卑心理,甚至拼命舔牙床,希望牙齿快长出来,结果却适得其反。在孩子敏感期,家长可以告诉孩子,门牙脱落、长得不好看是一个蜕变的过程,证明"你长大了",而且这也是每个人都要经历的过程。

让我们告别"哎呀",开始"爱牙"吧!

流行性腮腺炎

每到冬春季节,总会见到很多同学一侧或两侧耳垂根部又红又肿,还伴有剧烈的疼痛,平时可口的饭菜也因疼痛而变得难以下咽。这些同学到底怎么了?他们为什么会出现这种情况呢?

其实,这些同学是患上了一种疾病——流行性腮腺炎。

你一定很好奇:什么是流行性腮腺炎?

流行性腮腺炎就是我们常说的"痄腮""流腮"。在我国,流行性腮腺炎被列为丙类传染病,据统计,每年有数十万儿童和青少年感染这种疾病。

流行性腮腺炎

引起流行性腮腺炎的罪魁祸首是一种呼吸道病毒——腮腺炎病毒。这种病毒体积很小，只靠我们的眼睛是无法观察到的，它常常通过口、鼻等部位侵入我们的机体。进入机体后，腮腺炎病毒会首先来到它最喜欢的部位——腮腺，导致腮腺肿大，呈半球形，肿大的腮腺会带来剧烈的疼痛。除此之外，还会导致机体出现间歇性的发热、头痛、食欲不振等。

然而，更严重的是，腮腺炎病毒可不会安分地待在我们的腮腺，它常常会四处乱窜，进入血液，随血液循环播散至全身，侵入其他器官，从而引起多种并发症，严重损害我们的健康。常见的并发症有睾丸炎、卵巢炎、脑炎、胰腺炎等。

青春无恙——写给青少年的健康科普

一个小小的病毒，威力竟会如此之大！在日常生活中，我们是如何不幸地被这种病毒"选中"的呢？

由于腮腺炎病毒只能感染人，患者是唯一的传染源。已经患病的同学，腮腺炎病毒在他们的体内生长繁殖，他们的唾液、呼吸道分泌液中都可能存在着腮腺炎病毒。这些腮腺炎病毒通过飞沫传播，或者污染周围的物品，其他同学接触这些物品就有可能"中招"。因此，流行性腮腺炎常常呈现聚集性感染，幼儿园、小学、中学都需要重点防范。

看到这里，你可能会想：这种病毒传播能力这么强，感染人数这么多，那岂不是防不胜防？

其实，我们也不必过度担心。一般来说，大多数同学对腮腺炎病毒都是有一定的抵抗力的。因为我国早已把流行性腮腺炎的疫苗接种纳入了计划免疫的范畴。按照规定，每个人都应常规接种一剂次麻疹－腮腺炎－风疹联合疫苗，但接种一剂次疫苗的预防效果有限，因此还需要接种加强免疫针。

打了疫苗我们就一定不会感染流行性腮腺炎了吗？答案当然是否定的，疫苗的保护率无法达到100%。因此，在日常生活中，我们还要注意：按时刷牙，保持口腔卫生；加强锻炼，强健体魄；冬春季节尽量避免前往人群密集的场所，以减少接触病毒的可能性，等等。

同时，腮腺炎病毒的抵抗力并不强，一般的消毒剂就能把它杀灭，无论是在家还是在学校都应该加强通风和消毒。

如果没能正确地预防，最后还是被病毒感染了，该怎么办呢？

首先，因为流行性腮腺炎具有传染性，患病的同学应及时隔离并前往医院就诊。大多数的流行性腮腺炎是可以自愈的，只要注意休息和饮食即可，为了尽快赶走病毒，医生常常会开一些抗病毒的药物。同学们只要听医生的话，乖乖在家休息，很快就能痊愈。除此之外，由于腮腺炎病毒有可能引发并发症，在治疗期间如果有任何其他不适，一定要赶快告诉爸爸妈妈，及时去医院治疗，防止病情加重。

总而言之，虽然流行性腮腺炎传染性较强，但是只要我们掌握科学的知识，正确预防，及时治疗，就能很好地控制这种疾病，健康茁壮地成长！

手足口病

2008年，我国青岛、北京、广西等地暴发了手足口病疫情，造成17万多名儿童感染，数十名儿童死亡。这次疫情引起党和政府高度重视，并于2008年5月建立了国家手足口病强化监察体系，发布了《手足口病预防控制指南》，为手足口病的预防、监控和治疗打下了坚实基础。之后我国未再发生类似于2008年那样规模的手足口病疫情。然而这并不代表我们已经完全消灭了手足口病，作为易感群体，同学们学习一些有关手足口病的知识，能够帮助自己更好地应对这种疾病。

手足口病

引起手足口病的肠道病毒有多种，其中以柯萨奇病毒A16型和肠道病毒71型最常见，这两种病毒十分"青睐"2—10岁的儿童，尤其是5岁以下的幼儿。病毒生存力较强，潜伏在粪便中即可借助被污染的手而感染人体，也可潜伏在口腔的飞沫中、水疱内的疱液中，继而在人群中传播，因此，如果身边有人患有手足口病，那一定要当心，牵手、近距离说话以及一起玩耍、吃饭等，都可能使自己也成为病毒的攻击对象哦！

或许同学们心中可能有疑问，"我嘴里也经常起水疱，手脚上小时候也可能起水疱，可是我不知道它是口腔溃疡、水痘还是手足口病，那我该怎么判断我是不是得了手足口病呢？"下面我们就来说说手足口病的主要症状，以及手足口病和口腔溃疡、水痘的区别吧！

虽然手足口病的症状90%以上都可表现为口腔出现水疱，但是相较单纯的口腔溃疡来说，手足口病常常还伴有手、脚上的水疱，且由于传染性强，一般会出现人传人的现象，比如幼儿园、小学就是手足口病肆虐的地方；并且手足口病会持续一周左右，治好后很少复发。而单纯的口腔溃疡往往是因为上火或缺乏某种维生素导致的，它只出现在口腔中，没有传染性，且持续时间因人而异，如若经常上火或不及时补充维生素，口腔溃疡仍然可以反复发生。

手足口病和水痘的症状存在一些相同点：都是多见于儿童，初期都为红色斑疹，后逐渐发展为水疱，疱液清亮、外周有红晕，常伴发热等基本症状，但是两者的发病季节和好发部位还是有区别的。手足口病多发于夏季，一般是手、脚、口腔先出现症状，

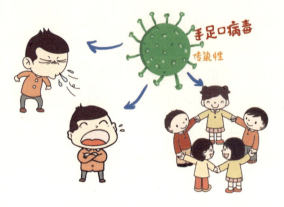

这三个地方可同时或不同时发病，但以口腔最常见，而躯干几乎没有症状，水疱不痛不痒也不结痂。而水痘多发于冬春季，症状往往先出现在头面部，然后扩展到躯干和四肢，症状大多出现在胸部、腹部、后背，奇痒难忍，一旦抓破，则很容易留疤。

听了上面的介绍，同学们是不是对手足口病与其他病的区分更有底气了呢？或许下次你也可以当自己的小医生了！

手足口病

　　手足口病这么讨厌,我们要怎么对付它呢?我们常说"病从口入",手足口病也不例外!要想远离手足口病,预防比发病后的治疗更重要!既然病毒可以潜伏在粪便、飞沫、水疱液等中,而且传染性极强,那么我们一定要做到"饭前便后勤洗手、衣物消毒勤漱口、疫苗接种尽早有、伙伴得病不拉手、自己被'害'隔离守、清淡饮食锻炼够"。这样未雨绸缪,病毒就休想伤我们一分一毫啦!

　　"但是如果不小心已经被可恶的病毒入侵而患病了怎么办呀?"这时候,同学们也不要着急,如果感觉到不舒服,一定要及时告诉家长,让家长带我们去医院就医,吃药、抹药或者输液,要乖乖听医生的话,7～10天就会好啦!

水痘、麻疹等出疹性疾病

疱疹大多数情况下由病毒引起,在这里着重介绍疱疹病毒中的单纯疱疹病毒、水痘-带状疱疹病毒和呼吸道病毒中副黏病毒科的麻疹病毒。

一、皮肤疱疹的罪魁祸首——单纯疱疹病毒(HSV)

1. 传播途径

单纯疱疹病毒包括 HSV-1 和 HSV-2。

HSV-1 常通过呼吸道飞沫或直接接触唾液传播。也就是说,被 HSV-1 感染的人打喷嚏或咳嗽就有可能导致 HSV-1 感染他周围的人群。与 HSV-1 感染者一起吃饭或者共用餐具也有可能导致感染。

与 HSV-1 不同,HSV-2 主要通过性接触传播。

水痘、麻疹等出疹性疾病

2. 所致疾病

HSV-1 主要导致腰以上部位的感染，潜伏期存在于三叉神经节和颈上神经节。会导致龈口炎、唇疱疹等疾病。而 HSV-2 则会导致腰以下部位的感染，引起生殖道疱疹，潜伏期存在于骶神经节。值得注意的是，孕妇若感染 HSV-2 或体内潜伏的 HSV-2 被激活，可能导致流产、早产等不良妊娠结果，也有可能导致新生儿皮肤、眼和口局部疱疹，甚至新生儿全身散播性感染。HSV-2 还可以提高高危型人乳头瘤病毒（HPV16、HPV18）所致宫颈癌的概率。

3. 防治措施

避免接触 HSV 感染者。在皮肤黏膜受损时，避免接触被污染的浴巾等公共设施。

感染后可用抗病毒药物如阿昔洛韦、更昔洛韦等。

二、水痘的元凶——水痘-带状疱疹病毒（VZV）

1. 传播途径

VZV 同样可通过呼吸道传播，病毒可以随患者呼吸道分泌物排出，弥散入空气中，易感者吸入后，就可能感染水痘-带状疱疹病毒。

直接接触传播：如果直接接触了水痘-带状疱疹病毒感染者的疱疹渗液，或皮肤黏膜破溃后，接触了患者的血液，也可感染水痘-带状疱疹病毒。

用具间接传播：接触被水痘-带状疱疹病毒感染者污染的用具，如使用过的毛巾、茶杯等物品，也可能感染水痘-带状疱疹病毒。

2. 所致疾病

VZV 的原发感染，指 VZV 进入没有感染过该病毒的人体内引起水痘。水痘患者皮肤可出现斑丘疹、水疱疹，并伴有发热。更严重的是，水痘-带状疱疹病毒还可以潜伏在体内的脊髓后根神经节或颅神经感觉神经节，在机体抵抗力下降时，引起复发性感染，导致带状疱疹，疼痛剧烈。

3. 防治措施

除避免接触感染水痘的人之外，还可以注射VZV减毒活疫苗。但这种疫苗无法治疗和预防带状疱疹。

感染后可使用阿糖腺苷、阿昔洛韦和干扰素等药物治疗。

三、麻疹的真相——麻疹病毒

1. 传播途径

麻疹病毒主要通过飞沫传播。

2. 所致疾病

麻疹病毒会在口腔黏膜中形成中心灰白、周围红色的特殊斑块，即科氏斑（Koplik斑），并伴随发热和呼吸道症状。发病三天后会出现特征性糠麸样皮疹。年幼体弱的患儿易并发细菌感染。还有极少数麻疹患者感染后会发生脑脊髓炎或亚急性硬化性全脑炎（SSPE）。

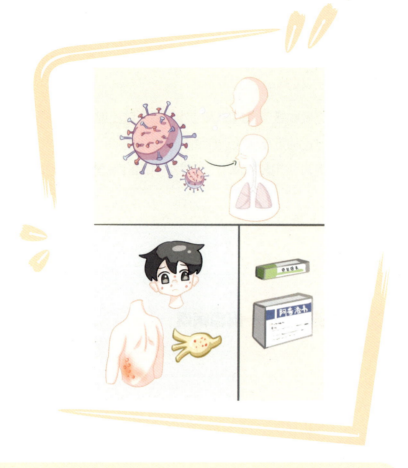

3. 防治措施

可以通过注射麻疹－腮腺炎－风疹联合疫苗来预防麻疹。若不慎密切接触麻疹患者,可以在接触后 5 天内接种恢复期麻疹患者血清或丙种球蛋白进行被动免疫。

水痘、麻疹等出疹性疾病

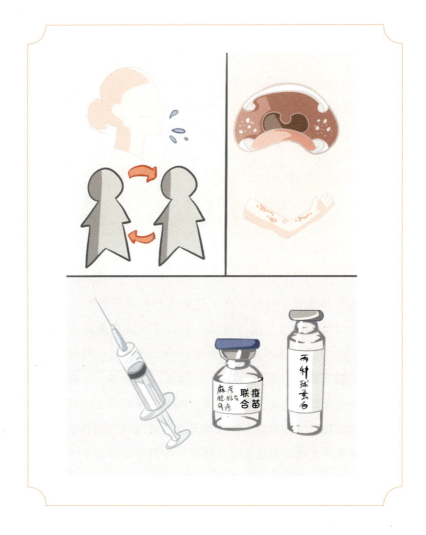

　　以上三种病毒都是通过呼吸道传播，因此，及时发现并隔离患者也是非常有效的防治手段。同时，加强锻炼，合理膳食，提高身体素质和免疫力也可以防止单纯疱疹病毒和水痘-带状疱疹病毒的复发感染。

流 感

流行性感冒（简称流感）是由流感病毒引起的具有高度传染性的急性呼吸道传染病，也就是说流感是流感病毒通过空气传播，进入人的鼻咽喉——上呼吸道而引起的。流感的临床表现以持续的高热＞39 ℃，持续3～4天）、明显的全身肌肉酸痛、乏力为主，咽痛、咳嗽等上呼吸道症状相对较轻。流感起病急，虽然大多为自限性，但部分会出现肺炎等并发症而发展至重症流感，少数重症病例病情进展快，可因急性呼吸窘迫综合征（ARDS）和（或）多脏器功能衰竭而死亡。

世界卫生组织（WHO）数据显示，全球每年20%～30%的儿童罹患季节性流感，在某些高流行季节，儿童流感年感染率可高达50%左右。

流感常在冬春季节出现流行和暴发。但人们常常把流感和普通感冒混淆，那么我们应该怎样区分流感和普通感冒呢？

流 感

区别一:"长相"不同。

流感病毒浑身长满"刺",更容易插在细胞上,进而侵入细胞,破坏其结构。

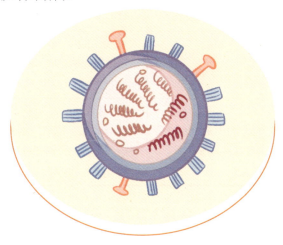

区别二:感染症状不同。

普通感冒病毒感染后症状较轻，容易自愈，而流感病毒感染后症状更加明显。

名称	病程	症状
普通感冒病毒	5～7天，发热持续1～2天	不发热或低热（39℃以下）居多，精神情况大多尚可，有咳嗽、流鼻涕、咽痛
流感病毒	5～10天，发热持续3～5天	一般为39～40℃，甚至40℃以上，发热快，高热不退，精神萎靡，全身乏力、咳嗽、流鼻涕、咽痛，有时伴有腹泻、呕吐

区别三：传染性不同。

普通感冒病毒不易出现人传人现象，而流感病毒常常会引起大流行。

区别四：治疗方法不同。

普通感冒主要是对症治疗，一般很快能痊愈。

而流感的临床治疗一般会选择奥司他韦等神经氨酸酶抑制剂，主要作用是防止重症流感（如流感病毒肺炎）的出现；金刚烷胺类药物在发病初期给药可能减轻症状、缩短病程。另外，对症支持治疗也非常关键，如根据临床表现给予解热、镇痛、止咳、祛痰等处理。

同学们在感染流感病毒后一定要及时告诉家长或老师，不要自己乱服药哦。

流感暴发时，要减少前往人群密集的公共场所，儿童的免

流　感

疫力相对较低,幼儿园、学校人员密集,更容易感染流感病毒,5岁以下儿童更易发生严重并发症,更应加强预防。

那么,同学们应该怎样预防流感呢?

1. 疫苗接种

每年接种流感疫苗是预防流感最有效的手段。接种流感疫苗,可以显著降低接种者罹患流感的可能,还可显著降低发生严重并发症的风险。

2. 保持良好的个人卫生习惯

保持良好的个人卫生习惯是预防流感等呼吸道传染病的重要手段。

(1)勤洗手。

(2)在流感暴发季节,尽量避免去人群聚集场所,避免接触呼吸道感染患者。

(3)出现流感样症状后,要保持良好的呼吸道卫生习惯,咳嗽或打喷嚏时,用纸巾、毛巾等遮住口鼻,咳嗽或打喷嚏后洗手,尽量避免触摸眼睛、鼻或口。

(4)家庭成员出现流感患者时,要尽量避免相互接触;当家长带有流感症状的患儿去医院就诊时,应同时做好患儿及自身的防护(如戴口罩),避免交叉感染。

(5)学校、托幼机构等集体单位中出现流感病例时,患者应居家休息,减少疾病传播。

(6)居家消毒。

流感虽然传染性强，但无须恐惧，只要正确面对，理性处理，还是可防可控的。

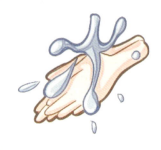 

狂 犬 病

大家可能都听说过狂犬病,虽然名字里有"犬"字,但狂犬病并不是一种只会发生在狗身上的疾病。

那么狂犬病是什么呢?

实际上,它是一种由狂犬病毒侵犯神经系统引起的急性传染病,是一种人兽共患病,也就是说人和动物都有患病的可能。狂犬病的潜伏期长短不定,感染病毒以后可能几天就会发病,也可能数年都没有异常。但是,一旦发病,狂犬病的病死率高达100%!它是没有办法治疗的。患者会在几天内发热、浑身不舒服,十分怕水,感觉口渴却不敢喝水,约在一周内痛苦地死亡。因此，一旦被动物抓咬，一定要尽快进行处理，千万不要抱有侥幸心理。

哪些动物会携带狂犬病毒呢？

虽然狂犬病毒名字里有个"犬"字，但狂犬病毒并不仅仅存在于狗的身上。事实上，几乎所有的温血动物都可以携带狂犬病毒。除了最常见的猫、狗等宠物，猪、牛、羊、马等家畜以外，狐狸、狼、蝙蝠等野生动物也有携带狂犬病毒的可能。有病毒的动物可能没有异常，而接种过疫苗的动物也有可能仍然带有病毒。因此，被任何不能确定没有病毒（做过检测或有证书）的动物抓咬后，都要及时处理！

那么什么情况下会被感染呢？

狂犬病毒主要通过受损的皮肤和黏膜进行传播。因此不仅被动物咬伤，被抓伤也会有感染狂犬病毒的风险。人体破损的皮肤、伤口或黏膜被带病毒的动物舔舐也有可能被感染。此外，吃带病毒的动物的肉也有可能通过消化道或呼吸道的黏膜被感染。因此，我们应该避免上述情况的发生。

什么情况下要打狂犬疫苗呢？

我们把与动物的接触分为三类，分别为一级、二级、三级暴露。

当我们喂养、接触动物，皮肤完好、没有破损时，为一级

狂 犬 病

暴露。这时我们一般不需要进行处理。

当我们被动物轻轻地抓伤、咬伤，皮肤出现破损，但并没有出血时，为二级暴露。这时我们要立即处理伤口，并迅速前往疾病预防控制中心或社区服务中心接种疫苗。

当我们被动物咬伤、抓伤，皮肤破损并出血，或破损的皮肤、黏膜被动物舔舐，或接触到动物的唾液时，为三级暴露。这时我们要马上处理伤口，并迅速前往疾病预防控制中心或社区服务中心注射被动免疫抗体，随后再接种疫苗。

发生二级暴露或三级暴露后，在前往疾病预防控制中心前我们自己该怎么处理伤口呢？我们要就地、及时地对伤口进行清洁消毒，最好是在伤后几分钟内进行以下处理。

（1）首先用流动清水冲洗伤口。

（2）如果有条件，再用肥皂或其他弱碱性清洁剂清洗伤口。

（3）重复（1）和（2），反复冲洗10~20分钟。

（4）如有条件，再用酒精消毒和碘伏涂擦，不要包扎伤口。

（5）尽快前往疾病预防控制中心或社区服务中心，让医生进行后续处理。

另外,需要注意的是,并不是所有医疗机构都可以接种狂犬疫苗,一般需要前往当地疾病预防控制中心、社区卫生服务中心、乡镇卫生医院或传染病医院进行接种。出发前请确定自己前往的医疗机构有接种狂犬疫苗的服务。

噎 食

> 小朋友们边吃边玩，互相打闹，突然间，一位小朋友用手抓住喉咙，剧烈咳嗽，说不出话，又跺脚哭闹，嘴唇发紫，吓坏了周围的小伙伴。

原来，这是发生了噎食。

甜甜的果冻、香脆的花生瓜子、黏黏的汤圆年糕、小巧的桂圆葡萄……这都是小朋友们喜欢的食物，可是稍不留神，这些可口的食物就可能成为噎住孩子们的"危险品"。

据不完全统计，我国每年约有3000名儿童因噎食引起意外窒息而死亡，占全部意外伤害儿童总数的4成。

为什么儿童容易噎食？

首先，儿童牙齿还没发育好，无法充分嚼碎食物。

其次，儿童咽喉保护性反射还不够强大，进食时如果嬉笑、哭闹，就更容易发生意外。

既然噎食这么可怕，我们能够做些什么呢？

我们把肺想象成一个气球，那么气管就是气球的气球嘴。假如有东西堵在了气球嘴，这时候用力挤压气球，增大的空气压力就可以把异物冲出。

这就是医学上的急救方法——海姆立克急救法（Heimlich Maneuver）。它是美国著名外科医生海姆立克发明的。1974年，他首次通过这种方法，成功抢救了一位因噎食而窒息的患者。几十年来，海姆立克法拯救了成千上万因噎食而窒息患者的生命，该法也被誉为"生命的拥抱"。

海姆立克急救法可以分为他救与自救，具体方法如下。

对于3岁以下的婴幼儿：

（1）大人屈膝跪坐在地上。

（2）抱起孩子，一只手掌托住孩子的胸部，使孩子头低脚高地靠在大人大腿上。

（3）另一只手拍孩子背心（也就是两侧肩胛骨间）5次，再将孩子翻过来，用食指中指压胸口（也就是胸骨下半段）5次。

（4）重复上述动作，直到异物排出。

噎 食

对于3岁以上的儿童：

（1）大人站在孩子背后，双手放在孩子的肚脐和胸骨间。

（2）一手握拳，另一只手包住拳头。

（3）双手用力收紧，快速大力向内、向上按压孩子的胸部。

（4）重复上述动作，直到异物排出。

对于成年人：

（1）站在患者背后，双手环抱患者的腰部。

（2）一手握拳，拇指侧放在上腹部（也就是胸廓下和脐上的腹部）。

（3）用另一只手抓住拳头，快速大力向内、向上压迫腹部。

（4）重复上述动作，直到异物排出。

自救：

（1）站立位，下巴抬起，头后仰，使气道变直。

（2）上腹部紧靠一个固定的固体（如椅背），用物体边缘压迫上腹部，或者将拳头靠在椅背上或桌边，对准肚脐上方，使上腹部快速大力撞向拳头。

（3）重复上述动作，直到异物排出。

进行上述急救操作的同时，应尽快拨打急救中心"120"电话。若急救效果不好，应及时转运至医院。

霍乱

同学们，你们听说过霍乱吗？

相信大家都知道"甲乙丙丁"的排序方法，霍乱，可是"甲类传染病"呢！原来对传染病进行分类的时候，有两大关键点："传染力"和"死亡率"，看谁最强，一方面要看他"打架"厉不厉害，另一方面还得看看他发展"兄弟"的能力。有的传染病虽然发展"兄弟"的本领和霍乱一样，但是"打架"的本领却不如"霍乱"，在"霍乱"面前也只能"俯首称臣"。那就让我们看看"霍乱"的"打架本领"吧！

霍乱的"武器"就是霍乱弧菌，通常通过被污染的水源和海产品等途径进入人体。一旦霍乱弧菌入侵机体，便会出现剧烈的腹泻和喷射性呕吐。或许你会认为霍乱患者的症状只有呕吐和腹泻,而且症状只会持续 2～3 天,这能有多恐怖呢?

可是,感染霍乱后,每次排便的量超过 1000 毫升,每天腹泻次数多达十余次,每天的失水量可达 4000 毫升,严重者甚至会超过 10000 毫升。霍乱弧菌在人的身体里"强取豪夺",力争将身体中所有的水分都排出体外。呕吐腹泻至此,身体里早就没有粪质了,全是水样血便。严重者粪便从肛门直流而出,为米泔水样便。

那么有人就会提出,既然如此,那就喝水?4000 毫升大约是 8 瓶矿泉水的量,即使都喝下去了,也只能勉强维持体内

水分平衡。

可是，霍乱患者不仅食欲不振，而且本就伴随着强烈的腹泻和呕吐，即便勉强喝下去水，也会呕吐出来，很难被人体吸收。

若无人为干预，大多数霍乱患者甚至挺不过第一天。最后死于霍乱的人浑身失水，体液几乎被排干，体重严重下降，失去人形，状如骷髅，皮肤呈蓝灰色，霍乱的"蓝死病"之名便是由此而来。

它"拉帮结派"的本领也是一流！它能够长时间在野外存活，并广泛分布，曾经只要某地区出现一例霍乱，那相当于屠城！

霍乱那么可怕，那我们应该怎么对付它呢？

人类经历了漫长的抗击霍乱血泪史，终于探索出了有效的治疗经验——输液。只要及时地就医输液，配一点对付肠炎的常用药，补充水分和电解质，便能大大地降低霍乱的死亡率！同时，先进的供排水系统极大地阻隔了"霍乱弧菌"的传播，自来水厂覆盖之地，便没有病毒容身之所！

除此之外，我们也应做到不喝生水，不吃生食，瓜果蔬菜要洗净，饭前便后应洗手，养成良好的卫生习惯，注意饮食安全，同时，我们还可以接种霍乱疫苗。这些方法都能有效地保护自己！

蚊虫叮咬

每当夏天来临，对于同学们来说最快乐的事情就是放暑假啦！夏天最令人讨厌的是什么呢？小明同学暑假和小伙伴相约去野外游玩，回来发现手臂、小腿上都是红色的小包，痒痒的，好难受啊！晚上睡觉的时候，又有烦人的声音在耳边响起，"嗡嗡嗡，嗡嗡嗡"，好吵呀！没错，这一切的罪魁祸首就是我们今天的主角——蚊子。下面是一只小蚊子的自述，让我们进一步了解一下这个小家伙，毕竟，"知己知彼，百战不殆"！

大家好，我是一只蚊子，据说人类很讨厌我的族人，说我们总是叮咬他们，特别是O型血的人，这种说法不是很正确哦！其实，在蚊子大家族中，一般只有雌蚊才会叮咬人类，这是因

蚊虫叮咬

为雌蚊要繁衍后代,必须以血液为食物,这样虫卵才会成熟;而雄蚊通常更喜欢吸食植物的汁液。我们喜欢生活在阴暗、不通风的地方,当雌蚊吸取血液后,会把卵产在清水里,如小河、雨水洼、水塘等处;在温暖的季节里,卵大约三天就可孵化为名为"孑孓"的幼虫并开始吃水里生长的极小的微生物及原生动物。孑孓经过蜕皮,最后停止吃东西,活动减少而变为蛹。大约两三天后,蛹又来到水面蜕去皮而发育为成虫飞出来。这就是我们生命的一个周期,一代又一代,我的祖先从侏罗纪开始就存在啦,那可是恐龙生活的时代呢!

至于"只叮咬 O 型血",这种说法是不对的。其实我们的小触角具有十分灵敏的嗅觉和温度觉,可以定向追踪二氧化碳排放较多的人和新陈代谢旺盛、容易出汗的人,所以,我们可喜欢找小朋友吸血啦。当我们蚊子或者其他虫类如螨虫、跳蚤等叮咬人类的皮肤时,会将自身的唾液注入人体内,这种唾液会引发人体出现不适的症状,进而形成过敏反应,在皮肤上会形成瘙痒难耐的红色疙瘩,医学上称为丘疹性荨麻疹,也就是俗称的"蚊子包"。普通的皮疹一至两周就会自己消退,不过可能还会留下一些色素沉着。

因为"蚊子包"的痒和难看,甚至会传播严重的传染病如疟疾、流行性乙型脑炎和登革热等,人类对我们十分痛恨,并且已经找到对付蚊子包的许多方法了,我目前知道的就有好几种呢,而且这些方法同样也适用于其他虫类如螨虫、跳蚤、虱子和臭虫等叮咬留下的皮疹。

1. 用碱性溶液涂抹

因为我们的唾液是酸性的,在发现刚刚叮咬的皮疹时用碱性的溶液涂抹就可以中和酸性的蚊虫唾液,能够减轻炎症反应。生活中常用的碱性溶液包括各种各样洗涤剂的溶液,如肥皂水等,当然,如果能使用医用的稀氨水外用涂抹效果更好。

2. 使用弱效、中效的激素软膏

激素是最有效的抗炎症药物,可以迅速止痒,这样可以避免进一步的搔抓引起的皮肤破溃、结痂等反应,因此短期、小面积使用激素软膏对皮肤来说是安全的,如糠酸莫米松乳膏、氢化可的松软膏等。

3. 口服抗组胺药物

如果叮咬面积比较大、皮疹数目众多，单纯的外用药物无法很好地缓解瘙痒时，可以短期口服一些抗组胺药物来止痒，比如盐酸西替利嗪片、氯雷他定片等。

此外，如果叮咬的局部肢体出现大面积的红肿、压痛，同时伴有发热，就要考虑深部软组织的感染甚至全身性的传染病，就需要及时去医院治疗啦。

小蚊子透露了这么多关于蚊子的秘密，聪明如你，是不是早就知道怎么科学预防蚊虫叮咬了呢？

（1）注意个人卫生，尤其是爱运动、出汗多的小朋友要经常洗澡以去除身上的汗味。

（2）减少生活环境中蚊虫滋生的场所，勤换衣服，床单、凉席、被褥等贴身物品要经常用温水清洗，暴晒。

（3）尽量少去草丛、灌木丛、树林、沼泽地等潮湿的地方玩耍，外出时做好防护，尽量穿浅色的长袖长裤，外露的皮肤可以涂抹驱蚊水。

（4）室内要保持空气流通、环境整洁，避免潮湿。

（5）床上可挂蚊帐来物理隔离蚊虫，也可在室内放置电蚊香驱蚊，蚊虫滋生严重时还可在无人的时候喷洒杀虫剂，等一段时间蚊虫被杀死后记得充分通风。

看完小蚊子的自述，大家有什么收获吗？对蚊虫有了充分的认识才能更好地帮助我们自己预防蚊虫叮咬哦！

睡眠健康

一日之计在于晨,美好的清晨需要良好的睡眠支撑。德国哲学家、作家,德国古典哲学创始人康德说:"有三样东西有助于缓解生命的辛劳,就是希望、睡眠和微笑。"每年的3月21日是世界睡眠日,足以证明睡眠有多重要。青少年时期是身心飞速发展的重要时期,在这一时期,青少年每天的睡眠时间最好为8~10小时。

高质量且充足的睡眠可以促进青少年的大脑发育、增强记忆能力;可以帮助机体排出体内蓄积的毒素;可以提高免疫功能、提高抵抗病原体侵袭机体的能力;可以缓解疲劳和压力、促进机体生长发育;可以保证我们第二天有充沛的精力从而更有效率地学习。国内一项针对青少年睡眠健康调查的研究中指出，正常有规律且充足的睡眠与青少年生理及心理健康关系密切，是反映身心健康水平的重要指标。

青少年如果不能获得足够的良好的睡眠，便会影响身体和智力的发育，造成身高增长速度缓慢甚至停止增长，也会出现情绪、行为、注意力等方面的问题。长期熬夜、睡眠不规律会导致失眠、抑郁、精神萎靡等问题，严重影响学习与生活。这与睡眠时体内激素变化有关——科学家研究发现，晚上21：00到凌晨1：00是生长激素的分泌高峰期，如果错过这个时间段，就难以弥补，生长激素的作用则是促进骨骼、肌肉等

睡眠健康

组织生长发育,长期缺乏生长激素,会影响发育,导致身材矮小哦!同时,睡眠时机体分泌的褪黑素等激素也起着调节新陈代谢、维持机体内环境稳态的重要作用。睡眠也分为正相睡眠和异相睡眠两个阶段,前者促进我们的机体恢复体力和精力,而后者可帮助我们增强学习和记忆能力。

怎样保证自己有一个高质量的睡眠呢?首先,我们应该有一个舒适的睡眠环境,可以调整床铺的柔软度、枕头的高度或室内的温度。其次,每天按时睡觉,并且要固定睡眠的时长,睡前3小时不要进食或大量饮水,也不要让自己处在兴奋的状态,上床之后也不要做别的事。最后,适当的体育锻炼也可以帮助我们睡得香甜哦!

心理健康——自我认知

在我们的内心，可能有过这样的想法：老师总说我很听话，成绩很好，因此在老师的心目中我是一个好学生；爸爸妈妈说我很懂事，经常帮忙干家务，我想我是一个孝顺的孩子；或者同学说我爱好体育，跟他们相处得很好，所以我觉得我受同学欢迎。由此我们对自己有积极的看法，对自己满意，对自己的表现有信心。相反，当老师说我成绩不太好，上课举手不够主动时，我便会觉得老师不是特别喜欢我；当同学不太喜欢跟我玩时，我就会想我跟同学的关系不太好；当爸爸妈妈说我不帮忙做家务，经常挑我毛病时，我就会认为我是一个不好的孩子，给爸爸妈妈添麻烦。那么我们对自己就会有负面的看法，对自己没有很好的印象，丧失自信心。

心理健康——自我认知

　　以上的这些想法其实是我们在不断探索自我的过程。自我认知，即一个人对自己的认识与看法，包含多个层次：对自我的认知，对自己家庭的认知，对自己班级或学校的认知，对自己家乡、社会和民族的认知，等等。但对于大部分的中小学生来说，对自己的认识往往停留在对自我的认知，且很大程度上取决于别人（父母、老师、同学）的看法，由此我们可能会对自己缺乏正确的认知。

那么正确的自我认知对我们有什么影响呢？其实人的心理发展特征是依赖于年龄的增长和认知的经历而不断变化和趋于成熟的。在这里我们可以将成年前简要地分为三个阶段。

（1）0～6岁，这一阶段对自我与外界的认知主要依靠自己的直觉，主观地偏向那些对自己好的行为和个人。

（2）6～12岁，这一阶段开始对自己的表现和他人的举动进行进一步的思考和探索，学会客观地分析身边的一些行为。

（3）12～18岁，这一阶段是在前两个阶段的基础上，利用所学的知识对相关行为进行理性的判断，扩大思考范围，学会从不同角度分析事情和认识自我。

如果我们能在每个阶段拥有良好的自我认知，这无疑会让自己找到努力的方向，正确地分析自己的优点和缺点，自信地成长。假如自己对自己都没有良好的认知与印象，没有足够的自信心，就无法建立其他层次的正确认知，无法在正确的方向上努力提升自己。

既然正确的自我认知那么重要，那我们应该如何培养呢？首先，我们应学会通过自我观察来认识自己。既要看到自己的长处，又要看到自己的短处，不要过分地否定自己，要坚信自己通过努力可以变得更好，在认识自己的同时尽力提升自己。其次，我们可以通过他人的评价来认识自己。虽然他人的评价并不完全正确，但我们可以思考自己是否确实存在相关问题，做到有则改之无则加勉。当然，我们也不必深陷于他人的评价而否定自己，要懂得借用他人的评价来完善自己。最后，我们可以通过社会比较来认识自己。将自己置于大时代的背景下，你可以知道自己生活在怎样的环境中以及自己所能为社会做的贡献，相信凭借自己的努力可以有所改变，使自己更上一层楼，助力社会的发展。

心理健康——网络心理

如今,互联网已经成为我们获取信息的重要来源。大多数时候,我们在网上看到的、听到的,总是新鲜又有趣;但有时,一些陌生的信息(比如,可怕的刑事案件、毒品小百科等等)并不一定让我们感到愉快,反而会让我们非常焦虑,甚至出现害怕的感觉。同学们,你有过对网络上种种"未知"感到恐惧的经历吗?有的话,怎样才能不再感到害怕呢?一起来看看这些做法吧。

尝试从令自己不适的信息中暂时脱离出来。我们可以采用很多方法,缓解内心害怕、焦虑的情绪,例如画一幅可爱的油画、读一本有趣的书、和好朋友一起跑步……瞧!当我们把注意力转移到令自己开心的事情上之后,内心的那块沉甸甸的"石头"

心理健康——网络心理

便自然减轻啦。

和其他人谈谈你的"恐惧"。面对"可怕"的事物,一味地逃避是不勇敢的表现哦!深吸一口气,振作起来,把你看到的可怕的"怪物"分享给爸爸妈妈、老师和同学吧!或许听了别人的解释之后,你就不再那么害怕了。你也可以将不安的感觉告诉你的好朋友,相信他们一定愿意和你一起分担——这样一来,"未知"也不再是那么可怕的东西了!

将"未知"转化为"知识"。打败敌人的更高境界,是将敌人变为你的朋友。面对网络上可怕的"未知"也是这样!比如说,吸毒者触目惊心的惨状固然给我们带来了很不舒服的感觉,但我们可以通过主动查阅资料,了解更多的禁毒知识,知道毒品对人的危害是多么巨大……甚至,你可以当一名"小老师",将学习到的知识在主题班会上分享。你看,经历一系列"化敌为友"的努力,恐惧的心情自然就烟消云散啦!当然,并不是所有的"未知"都是有用的知识,在它们之中,有些是对小朋友有害的,是不健康的哦!所以,在查资料之前,也要请爸爸妈妈一起鉴别"敌人"的身份,看看它能不能变成"好朋友"。

你知道该怎样避免沉迷于网络吗?

同学们,你有没有过这几种表现呢?

(1)对网络越来越依赖:离不开手机,吃饭也要看,睡觉时也要捧在手里……

(2)上网玩游戏的时间越来越长:最初玩游戏的时间限制在一个小时,渐渐地,一个小时满足不了自己,便偷

青春无恙——写给青少年的健康科普

偷用爸爸妈妈的身份证账号玩游戏……

（3）离开网络后感到烦躁：没有手机、平板电脑等电子产品可玩的时候，生活就变得烦闷无聊；一旦爸爸妈妈限制自己上网，就会忍不住对他们发脾气……

同学们，以上种种都是沉迷于网络的表现，你知道沉迷于网络的危害吗？

首先，长时间上网不利于我们的身体健康。长时间盯着屏幕看，视力很容易"蹭蹭蹭"地下降；长期熬夜上网，更会严重地伤害我们的大脑。要知道，身体是革命的本钱，不要等到见医生的时候，才感到后悔！

其次，过度沉迷于网络会让我们对自身的控制能力下降，逐渐沦为网络的奴隶。这些危害在短时间内，可能表现为学习时注意力难以集中，最终学习成绩下滑。那么长期的影响呢？你会发现，自己的身体像是被游戏、各种娱乐软件控制住了，满脑子想的都是虚拟世界里的事，以至于对网络以外的事物几乎提不起任何兴趣！或许，你曾满怀信心想要学习一门新技能；或许，你曾希望为你喜欢的书写一篇读书笔记……但如果变成了网络的奴隶，这些曾经是小小的、简单的快乐，现在却变得难以实现！你知道吗？这种感觉就像我们主动为自己戴上了镣铐，在现实世界里越来越寸步难行，只能投身于网络的怀抱，寻求那巨大的却也是虚假的满足感。我想，同学们都不愿意成为他人的奴隶吧！毕竟自由是我们最热爱、

心理健康——网络心理

最宝贵的东西。那么，如何不让我们过度沉迷于网络，让健全、自主的人格主宰自己的身体，而不是将自己"上交"给网络呢？这里有几个小贴士。

（1）借助其他兴趣爱好分散对网络的注意力。假如你喜欢户外运动，那不妨去游泳、打球，体验流汗的感觉；假如你是个喜静不喜动的孩子，可以试着读一本好玩的小说，完成一副拼装模型、写一篇推理小说……试试看吧！在网络以外的兴趣爱好中重拾快乐的感觉。

（2）尝试运用自控能力，减少自己的上网时间。一个强大的、独立的人格必然有着同样强大的自控能力。假如一味地靠爸爸妈妈、老师的监督，又怎能成为独立的孩子呢？所以，从今天开始，试着控制自己吧！在开始使用网络之前，给自己限定一个时间，通过心理暗示或者是贴小纸条的方式不断提醒自己。相信能够成功运用自控能力约束自己的你，会成为一个强大且幸福的人！

（3）倘若实在无法控制自己，应及时向自己信赖的老师、同学寻求帮助。要知道，沉迷于网络、成为网络的"奴隶"并不是什么丢人的事情。这只是你成长道路上的一个障碍，假如这个障碍太过巨大，以致你独自一人无法跨越，那就找帮手一起解决这个难题吧！将你的迷惘与无助及时向老师、同学倾诉，要相信，你所信赖的人一定会给予你有力的支持和温暖的陪伴。

亲爱的同学们，虚拟的网络世界固然迷人，但过度沉迷于其中将会迷失自我；现实虽然有许多的不如意，但逃避不应成为我们的选择。从今天起，学习如何掌控自我吧！找到网络和现实之间的平衡点，用丰富的兴趣爱好装点我们的学习生活！

心理健康——人际关系

同学们，自我们出生起，就不可避免地要与不同的人进行人际交往，那么什么是人际交往呢？就是我们通过一定的语言、文字或肢体动作、表情等方式将某种信息传递给他人的过程。我们会通过这种方式建立亲子关系、师生关系、同学关系和朋友关系等各种关系。

人际交往对我们来说非常重要，是我们生活的一部分。试着想想，如果我们不能和他人建立良好的关系，和包括家人在内的所有人关系不好，那是多么可怕的一件事情呀。所以，我们需要拥有良好的人际交往能力，它可以帮助我们更好地向别人传达自己的想法，与他人建立良好的人际关系，能够让我们更加了解他人，获取更多的信息来实现自己的理想以及价值。如果人际交往能力比较差，就容易出现缺少朋友、对生活无法适应、患上孤独症等情况。

怎样才能增强自己的人际交往能力,和他人建立良好的人际关系呢?

(1)尊重:在与他人的交往中不仅要会尊重他人,也要懂得尊重自己。

(2)真诚:没有人喜欢虚情假意,只有以诚待人,才能产生情感的共鸣,从而收获真正的友谊。

(3)宽容:我们在交往中有时不可避免地会与其他人产生矛盾,这时候我们就要学会宽容待人,"人不犯我,我不犯人;人先犯我,礼让三分"。

（4）理解：理解是成功的人际交往的前提。理解就是我们能真正地了解对方的处境、心情、好恶、需要等，并能站在对方的角度关心对方。善解人意的人，总是受人欢迎的。

（5）平等：我们在人际交往中不能因为自己拥有别人所没有的优势就感觉自己高人一等，从而变得盛气凌人、非常嚣张，只有平等待人，才能得到别人的平等对待。

不论我们和谁相处，首先要学会尊重和理解他人。怎样判断自己的行为是否做到了尊重和理解呢？一个简单的方法是，当我们和对方相处之后，回想一下自己的语言和行为，想想这些如果是对方在说在做，自己是否感到开心。开心则说明做到了尊重和理解，否则就表示没有做到。不断地进行反思，会让我们不断增强自己的人际交往能力，和别人相处更加顺利。

在和他人相处时，如果对方有需求，那么在自己的语言或行动中要表现出对对方的关注，不能对此忽视不理睬；对他人的赞美要真诚，不要虚情假意，对他人的批评要中肯且怀有善意，对事而不对人，不能恶意地辱骂。最后，如果在和别人相处中出现了问题，我们也要积极主动地和对方沟通以解决问题，不要放任不管。

相信通过对这些原则的学习以及理解，大家一定能够掌握人际交往的秘诀，增强自己的人际交往能力，拥有更多的亲密关系。

心理健康——心理健康品质

亲爱的同学们,对于我国现在中小学生心理健康状况,你有所了解吗?调查表明,当前我国中小学生的心理健康状况不太乐观。中国科学院心理研究所发布的《中国国民心理健康发展报告(2019—2020)》显示,青少年抑郁检出率为24.6%(其中重度抑郁为7.4%)。

心理问题已经成为大家健康成长与幸福生活的一大障碍。心理健康状况不良,主要表现为恐惧、害怕、自卑等情绪,有的还会影响行为,严重的还会影响身体健康和学习状态。

良好的心理素质,可以让我们更好地适应外界环境的变化,更好地发挥自己的心理潜能,实现自己的人生梦想。那么心理健康是一种什么样的状态呢?

心理健康——心理健康品质

心理健康是指没有心理疾病,能够对社会生活适应良好,具有完善的人格,能够充分发挥心理潜能。也就是说你们可以勇敢坚定地选择自己喜欢的事情,健康快乐地学习和生活,能够和周围同学保持一个良好的相处状态,和爸爸妈妈也能够好好地交流沟通,表达自己的内心想法,从而实现自己的目标。

很多人对心理咨询认识和接受度还比较低,出现心情不好,恐惧、害怕、愤怒等情绪状态后,往往不知道如何解决,不知道自己要不要和爸爸妈妈或者老师讲,经常显得很无助,久而久之,会形成心理障碍和心理疾病。同学们现在所处的阶段是人的一生中身心发展的重要时期,也是塑造和培养良好心理品质的最佳时期。那么我们该如何培养良好的心理健康品质呢?

（1）"我怎么什么都不行啊？"

我们在遇到困难时，经常会觉得是自己的能力不够才会被伤害和欺负，其实是因为你把自己想得太懦弱和胆小，实际的你超级勇敢的哦。当自己学习或者生活中遇到困难时，在心里或者在嘴上喊出来："我是一个勇敢的人，我一定可以做到。"相信慢慢地，你就会成为一个勇敢且自信的孩子啦。并且敢于对自己的爸爸妈妈说，我是一个勇敢的女孩/男孩，把事情交给我，我一定认真去完成。

（2）"我怎么这次又才考90分？"

每次当没有考到自己理想的分数时，就会担心被爸爸妈妈批评，导致恐惧焦虑悲痛等心理问题频频出现。我们要意识到，我们在不断地、慢慢地成长和进步，要平和地接受自己现在的分数，并且勇敢地告诉自己，我真的已经很努力了，不要再给自己太大的学习压力了，相信爸爸妈妈也会记得为了背单词每天早上站在阳台上大声背书的你。

（3）"我不小心打碎了妈妈最喜欢的陶瓷碗，怎么办？"

相信此刻的你肯定很慌张，担心妈妈回来之后会教训你一顿，自己不想让妈妈生气，可是陶瓷碗又确实打碎了。此刻恐惧、害怕这些情绪在你心里打架。勇敢的同学，以后的你还会在生活中遇到很多无法改变的事，但是我们只要勇敢地面对，积极地想办法解决，主动地和妈妈承认自己的错误，妈妈肯定会原谅你的。在以后的生活里，我们也要勇敢地去面对生活中发生的大大小小的事情。

（4）"我被班上的同学欺负了""我的分数总是很低""老

心理健康——心理健康品质

师天天给我布置很多作业"……小小的你，可能在经历着这些问题，不知道该怎么办。你可以找到自己的班主任或者其他你觉得值得信任的老师，爸爸妈妈等这些你所信任的人，勇敢地去把你现在遇到的问题告诉他们，相信他们会帮助你一起解决哦。

常见的心理健康问题及对策

1. 焦虑、紧张的情绪状态

小处方：家长和老师应给予更多的关怀，特别是对孩子们的微小进步及时给予鼓励。

焦虑、紧张的情绪状态

常见的心理健康问题及对策

2. 考试焦虑

小处方：

（1）安静下来，暂停答题，静静伏在桌子上稍作休息，转移注意力。

（2）可以用"调整呼吸法"。

（3）可以用默默数数的办法来转移注意力。

3. 自卑

小处方：

（1）打破自卑循环体系。

自卑心理形成后，自己对自己的评价很低，也会觉得别人对自己的评价很低，渐渐地会疏远别人，形成自我封闭，这又会使别人形成不良看法，反过来加深自卑心理。所以打破这种自卑循环体系显得尤为重要。

（2）安排给孩子一些小"任务"，培养他们的自信。

（3）行为迁移，帮助他们找到新的兴趣点。

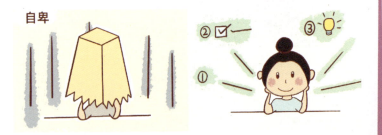

常见的心理健康问题及对策

4. 人际关系紧张

小处方：老师和家长应达成共识，从集中解决一个问题入手，注意孩子改变中的细微进步，及时给予表扬和奖励。

5. 对抗行为

小处方：应当首先学会换位思考，理解孩子的想法，用心理咨询的技巧和方法帮助孩子做出态度的改变。

6. 问题行为出现频率高

小处方：创造良好的家庭环境，干预高危儿童，树立良好的社会风范。

7. 早恋

小处方：

（1）要认识到与异性接触和交往是正常现象，也是青春期孩子社会化过程中必修的一课。通过彼此的交往，他们可以了解异性，学习对方的优点。

（2）要指导青春期孩子分清友谊与爱情的界限。

（3）培养青春期孩子学会自尊自爱，求得人格完善。

（4）引导学生确立自身在社会中的角色。

8. 过度迷恋网络

小处方：

（1）教给他们如何进行时间管理。

（2）支持群体：鼓励他们参加诸如互助小组、兴趣小组之类的团体。

（3）家庭治疗法：家长和孩子之间多就孩子的迷恋网络的原因进行开诚布公的交流，家长要真诚地倾听孩子的感受。

（4）行为契约法：让过度迷恋网络的孩子和家长，在协商的前提下，共同制定行为契约，主动接受外界的监督，以达到摆脱迷恋网络的目的。

白 血 病

同学们,大家好!大家听说过骨髓移植吗?大家知道骨髓移植大多与什么疾病相关吗?没错,就是白血病!下面就让我们深入了解一下这个让人谈之色变的疾病吧!

在了解白血病之前,我们先来了解一下人体血液的组成吧!

血液主要是由血细胞、血浆和血小板等成分组成,其中血细胞分为红细胞和白细胞。血浆的主要作用是运送血细胞以及运输人体生命活动所需的物质和体内产生的废物,换句话说,血浆就是一辆"运输车"!血小板主要参与人体的止血工作,红细胞主要将肺部吸进的氧气运送到全身各处细胞,将身体内

白血病

的二氧化碳集中运送到肺部呼出。最后就是我们的主角白细胞啦！白细胞主要用于防御病毒、细菌等"外敌"入侵我们的身体。它和红细胞都是由骨髓中的干细胞产生的，干细胞每天能够产生成千上万的红细胞和白细胞。血液中的各成分像合唱团一样，相互合作，共同维持大家正常的生命活动。

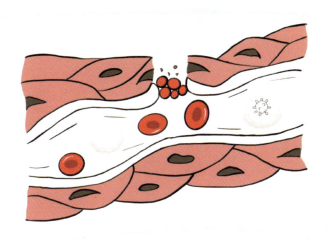

了解完血液的组成，那白血病到底是什么呢？

白血病也叫作血癌，是一种造血系统的恶性肿瘤。它是由于骨头中的干细胞不正常工作，产生了过多的没有成熟的白细胞，一方面使白细胞自身的功能受到影响，不能够抵御入侵人体的"外敌"，从而导致细菌、病毒等对人体有害的物质入侵我们的身体；另一方面使血液中其他细胞的正常功能受到影响，最终导致血液流经的器官或系统不能正常地工作。

大家知道了过多不成熟的白细胞会导致白血病，那么人体为什么会产生过多不成熟的白细胞呢？

研究发现,这是因为细胞内的遗传物质发生了改变,而遗传物质就是细胞的"工作指南"。当人体长期暴露在放射线如X射线中或者接触致癌物质后,细胞内的遗传物质易发生变异。同时,有的病毒也可能导致白血病。

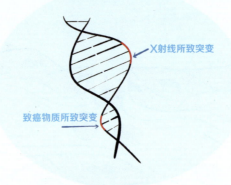

那么白血病的症状主要有哪些呢?

(1)患者身体会出现发热和感染的症状,这是因为血液中正常白细胞减少了,导致人体抵御入侵"外敌"的能力降低,抵抗力下降,容易受到细菌、病毒等的侵袭,主要表现为产生各种炎症。严重情况下会引发败血症,甚至导致死亡。

(2)患者会出现贫血的情况,这是因为血液中血红蛋白减少,导致血液携带氧气的能力下降,主要表现为头晕、疲乏、困倦、软弱无力、皮肤苍白等。

白 血 病

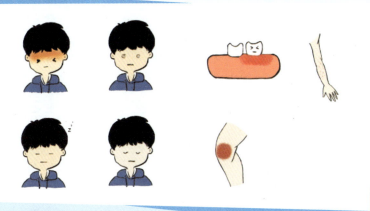

（3）患者会出现出血的情况，这是因为不成熟的白细胞会破坏血管壁，导致血液中血小板减少，主要表现为皮肤出现淤点、淤斑，牙龈出血，鼻出血。严重情况下会出现内脏器官或者组织出血，如视网膜出血导致视力下降甚至失明；消化道出血导致大便中带血；大脑内部出血导致死亡等。

（4）患者会出现关节疼痛的情况，这是因为患者骨髓内干细胞产生白细胞的速度过快，骨髓腔中容纳了过量的白细胞，导致骨髓腔中的压力过大，从而出现关节疼痛。

（5）患者出现淋巴结以及肝脾肿大，主要表现为患者的颈部、锁骨上窝等地方触碰后可发现小疙瘩状淋巴结。

所以如果发现有以上症状，大家一定要引起注意，尽快前往医院就医！

如果被确诊了白血病，我们该怎么办呢？该怎么治疗呢？

首先我们应该树立一个正确的心态，要相信自己一定能战胜病魔！其次要积极配合医生进行治疗，白血病的主要治疗方法是使用化学药物治疗，等病情稳定后可以进行骨髓移植，帮助患者产生正常的白细胞。

那怎样才能预防白血病呢？

白血病的产生主要是由于细胞的遗传物质发生改变，因此我们应避免接触过多的 X 射线及其他有害的致癌物质，慎重使用药物等。

以上就是关于白血病的简要介绍，同学们都了解了吗？

淋 巴 瘤

  或许你会认为癌症这个词离我们非常遥远，可是你知道吗？儿童癌症患者在国内是个非常庞大的群体。每年中国约有4万名儿童会得癌症，平均每1万名就有1个新发癌症患者。而儿童淋巴瘤是儿童最常见的恶性肿瘤之一，其中主要包括儿童及青少年霍奇金淋巴瘤、淋巴母细胞淋巴瘤、伯基特淋巴瘤等。

  淋巴瘤是免疫系统和淋巴组织的癌症，而免疫系统是人体的防御系统。淋巴瘤导致细胞无法通过正常工作保护机体，反而排挤免疫系统的正常细胞。如果把人体看作一个独立的国家，那免疫系统就是我们的军警系统，不仅可以作为军队识别和清除外来的病原生物，产生免疫反应，还能作为警察，识别和清除体内发生突变的细胞、衰老死亡的细胞或其他有害成分。免疫系统中的战斗细胞叫作淋巴细胞，位于人体的淋巴组织。可以说淋巴细胞是消灭病毒、病菌的特种兵，而淋巴结则是他们的战场。

让我们一起来了解以下三种淋巴癌：

霍奇金淋巴瘤约占儿童时期恶性肿瘤的 4.8%，占儿童淋巴瘤的 15%～20%。霍奇金淋巴瘤最常发生于 15～19 岁的青少年，女性高于男性，男女比例为 0.8∶1。症状体征包括淋巴结肿大、纵隔肿块、全身症状。90% 的霍奇金淋巴瘤以淋巴结肿大为首发症状；80%～85% 的患者仅表现为淋巴结或脾受累（Ⅰ～Ⅲ 期）；15%～20% 的患者有肝、肺或骨髓受累（Ⅳ 期）。大多数患者接受规范治疗后预后良好。早期病变的总体五年生存率超过 90%，高危病变的治愈率也超过 85%。

淋巴母细胞淋巴瘤占儿童非霍奇金淋巴瘤的 35%～40%，其中 70%～80% 为 T 淋巴母细胞淋巴瘤（T-LBL）。这类淋巴母细胞淋巴瘤好发于年龄较大儿童，中位发病年龄为 9～12 岁。男性多见，男女比例为（2.5～3）∶1。另一类淋巴母细胞淋巴瘤为 B 淋巴母细胞淋巴瘤（B-LBL），发病年龄较小，中位年龄小于 6 岁。大部分患者的主要症状为前纵隔肿物导致

淋巴瘤

的咳嗽、胸闷、气促、呼吸不畅等。该病的五年无事件生存率为75%～90%。治疗期间的放化疗会增加患者二次肿瘤的发病率，可能发生在治疗结束后的许多年后。

伯基特淋巴瘤是非霍奇金淋巴瘤的一种亚型，起源于成熟B淋巴细胞，属于高侵袭性成熟B细胞非霍奇金淋巴瘤。主要症状：浅表淋巴结肿大；下颌部或牙龈或面部肿瘤，可能导致口咽填塞，呼吸道压迫；腹部肿物导致的腹部疼痛、呕吐、肠套叠、肠梗阻、胃肠道穿孔；盆腔肿物导致的下腹部疼痛、大小便困难；发生骨髓转移时，可出现面色苍白、精神不振、乏力、食欲不振、鼻腔或牙齿易出血；发生中枢神经系统转移时，可能出现头痛、呕吐等颅内高压症状或者颅神经瘫痪或下肢无力、二便失禁或困难等脊柱占位的症状，也可能表现为嗜睡；发生睾丸转移时，可表现为睾丸单侧或双侧肿大、质地变硬或呈结节状，缺乏弹性。目前，伯基特淋巴瘤的五年无事件生存率达到80%以上，低危组接近100%。

淋巴母细胞淋巴瘤与多种基因异常有关，包括抗原受体基因、染色体异常，抑癌基因失活以及癌基因的激活等，淋巴母细胞淋巴瘤的主要病因是染色体异常和基因重排，导致与细胞增殖及分化相关的基因功能出现异常，细胞不受控制地分裂增殖，从而形成肿瘤。由于淋巴母细胞淋巴瘤的确切病因尚不明确，因此尚无相应的预防方法。此外，家长可留意淋巴母细胞淋巴瘤的早期症状，一旦发现，及早就医，做到早发现，早治疗，争取最佳的治疗效果。同学们也要时刻注意自己的身体异常，有任何不适都要及时与老师或父母沟通。

具体预防措施:

(1) 勤洗手,保持食物和饮水清洁卫生,养成良好的生活卫生习惯。

(2) 保持生活环境的整洁干净,定时开窗通风,保持空气流通。垃圾桶要加盖,垃圾存放时间不宜超过2小时。

(3) 保证营养丰富且均衡的饮食,保障优质蛋白质(如肉、蛋、奶、禽、鱼虾、大豆及大豆制品等)的摄入,同时多吃五谷杂粮和蔬菜水果,适量食用乳制品和坚果,以保证各种营养素的充足摄入。同时应少食精米白面、深加工零食和加工肉类,控制油盐的摄入。

(4) 进行适当的规律运动。如果有条件,可以考虑每天进行30~60分钟的中等强度运动(比如快步走、骑自行车、瑜伽、打乒乓球等),每周也可以进行适量的高等强度运动(如跑步、游泳、跳绳、做有氧操、打篮球等)。

淋巴瘤

（5）健康的生活方式，如均衡饮食、适量运动等是预防这些疾病的最重要、最有效手段。

（6）心理治疗：治疗的过程对患者是个很大的挑战，需要关注患者的心理健康。尤其对于儿童患者来说，疾病和治疗造成的身体变化和痛苦、治疗期间被隔离而不能和同伴接触、学业的落后、担心自己不被同伴接纳等等都会影响患者的心理健康。家长需要引导患者以积极的态度正视疾病，接纳自己的身体变化，并且在治疗的过程中，在保证卫生的前提下，多鼓励患者维持外部接触、和同学朋友一起玩，在条件允许的情况下，重回校园，尽早重新融入社会生活。如果有心理障碍，可以请心理医生进行干预。

脑　瘤

我们总是觉得肿瘤离我们很遥远,仿佛是中老年人才会得的疾病,但你知道吗?肿瘤的魔爪同样会伸向儿童、青少年,我国每年新增恶性肿瘤的儿童及青少年有3万~4万人。

脑瘤是肿瘤的一种。儿童青少年脑瘤的发病率远远高于成人脑瘤,在儿童青少年癌症中仅次于白血病。

但这并不是绝症,早诊断、早治疗是关键!

目前已知的脑瘤种类超过120种。与成人相比,脑瘤在儿童青少年中的表现不同。儿童青少年中最常见的脑瘤是星形细胞瘤。

儿童青少年患脑瘤的早期症状是什么?我们应该如何判断?

脑 瘤

儿童青少年如果患有脑瘤，早期最明显的症状就是恶心和没有原因的头痛、头晕，并且在起床的时候特别明显，而在打喷嚏、咳嗽、排便的时候头痛症状会随之加重，呕吐也会加重。

睡得不好、精神压力过大、长时间看手机和电脑也可能导致头痛，这些情况下不必过度担心。但是，如果平常生活规律健康却出现头痛、头晕，一定要及时进行相关检查，防患于未然。

儿童青少年患脑瘤的原因是什么？我们应该如何预防？

很多因素都可以导致脑瘤。有些患有脑瘤的儿童或青少年有明确的家族遗传；有些患有脑瘤的儿童或青少年长期遭受电子产品的辐射；长期有不良情绪也可能造成脑瘤。

脑瘤多数与生活习惯有很大的关系。脑瘤的产生和其他肿瘤一样，是一个逐渐发展的过程，并不是突然出现的。很多脑瘤患者在平时对自己的身体健康不够关注，不良的生活习惯使身体里的细胞损伤，日积月累，越来越严重，最后患上了肿瘤。

为了预防脑瘤，我们应该对生活的方方面面多加留意：不

青春无恙——写给青少年的健康科普

要吃过期的食物；常常参加一些户外活动；保持良好的精神状态；控制接触电子产品的时间，等等。

随着科技的进步，大家的娱乐方式从抓蛐蛐、跳皮筋、跷跷板变成了整天玩手机等电子产品，而长期面对电子产品的辐射，可能是脑瘤发病率越来越高的原因之一。同学们应当增加户外运动时间，控制电子产品的使用时间，自己为自己的身体健康负责。

如果得了脑瘤，怎么办？我们应该如何应对？

不同类型、不同级别的儿童青少年脑瘤治愈率不同，儿童青少年脑瘤整体上有60%～80%能被治好。并且经过不断的研究和药物开发，治疗效果会越来越好。所以我们不用闻"脑瘤"色变，要对治疗有一定信心。

骨软组织肿瘤

同学们有没有听说过骨软组织肿瘤？乍一听，是不是感觉有点陌生。但是可能很多人都会有类似的经历，会突然发现身体某一处有一个或大或小的包块。看到这你也不必过于惊慌，这并不是说突然发现的这个包块就是恶性的骨软组织肿瘤，但这些不明原因的包块确实可能是骨软组织肿瘤中的一部分。那么什么是骨软组织肿瘤？它有什么症状？病因又是什么？在身体上发现这些不明原因的包块后我们该如何处理？下面就让我们一起来学习一下吧！

首先，让我们先来认识一下骨软组织肿瘤。它又称骨与软组织肿瘤，顾名思义，它是发生在骨骼系统和软组织的肿瘤，分为原发性和继发性两大类，是严重威胁人类健康及生命的疾病。骨软组织肿瘤是临床常见肿瘤,它是起源于软骨、黏液、纤维、脂肪、滑膜、平滑肌、横纹肌、间皮以及神经嵴等各个间叶组织的肿瘤的统称。它分为良性和恶性,临床上以良性较常见,类似脂肪瘤、血管平滑肌瘤等。恶性肿瘤统称为肉瘤,包括骨来源和软组织来源。骨来源称为骨肉瘤以及软骨肉瘤,软组织来源称为软组织肉瘤。肉瘤在临床存在50多个亚型,每一个亚型发病率均较低。但是不同的骨软组织肉瘤恶性程度不同,有的恶性程度高,治疗效果、预后较差,有的患者通过手术切除可以达到较好疗效。例如隆突性皮肤纤维肉瘤进行根治性切除可以得到长期生存。现今医院对于骨肉瘤,使用化疗、内科药物治疗后五年生存率已经提高到70%。但仍有较多患者由于就诊较晚、对疾病不了解而存在着五年生存率偏低,无法存活的可能。骨软组织肿瘤应该得到足够重视,发现包块时要尽早就诊。

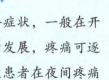

骨软组织肿瘤的主要症状

疼痛:骨软组织肿瘤早期出现的主要症状,一般在开始时较轻,并往往呈间歇性。随着病情的发展,疼痛可逐渐加重,且由间歇性发展为持续性。多数患者在夜间疼痛加剧以致影响睡眠。

肿胀或肿块:一般在疼痛发生了一定的时间后才会出现,位于骨膜下或表浅的肿瘤出现较早,可触及骨膨胀变形。

骨软组织肿瘤

功能障碍：骨软组织肿瘤后期，因疼痛肿胀而患部功能将受到影响，病情发展迅速则功能障碍症状更为明显，可伴有相应部位肌肉萎缩。

压迫症状：向颅腔和鼻腔内生长的肿瘤，可压迫脑组织和鼻腔，因而可出现颅脑受压和呼吸不畅的症状。盆腔肿瘤可压迫直肠和膀胱，产生排便及排尿困难。脊椎肿瘤可压迫脊髓而产生瘫痪。

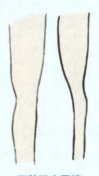

下肢肌肉萎缩

畸形：因肿瘤影响肢体骨骼的发育及坚固性而出现畸形，以下肢为明显。如髋内翻、膝内翻及膝外翻。

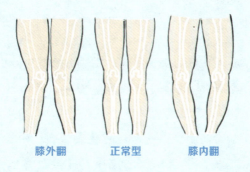

膝外翻　　正常型　　膝内翻

病理性骨折：肿瘤部位只要有轻微外力就易引起骨折，骨折部位肿胀疼痛剧烈，脊椎病理性骨折常合并截瘫。

同学们知道得这种病的原因吗？其实和很多肿瘤疾病一样，一般来说是有内因先存在，通过外因引发内因而发生。多发性骨软骨瘤和纤维样增殖症均与家族有关，骨软组织肿瘤多发于10～30岁，说明肿瘤的发生与骨骼发育生长的旺盛有关。还有些骨软组织肿瘤的患者常回忆起患病部位有外伤史，如扭伤、碰伤。实际上，这类外伤并不至于引起骨质变化。在骨折部位发生的骨肉瘤极为罕见，很可能是肿瘤发展到一定程度时，外伤促使症状明显才引起注意。青少年骨软组织肿瘤很可能与很多的不良生活习惯有关，比如不规律的作息、不良的心态等。

最后，让我们来学习一下在日常生活如何预防这种疾病吧！

（1）养成良好的生活习惯，按时吃饭睡觉，避免熬夜。
（2）加强体育锻炼，如跑步、游泳、爬山等，增强体质，提高身体的免疫能力。
（3）饮食均衡，多吃新鲜的蔬菜水果，补充维生素、矿物质以及蛋白质。杜绝暴饮暴食，不要过多地吃咸辣的食物，不吃过热、过冷、过期及变质的食物。
（4）保持良好的心情、乐观的心态。
（5）定期检查身体，防止肿瘤的发生。

骨软组织肿瘤

经过学习我们对骨软组织肿瘤应该有了一定的认识,所以如果我们在身体某一部位,发现了不明原因的包块,首先不要过于慌张,要仔细观察包块的特征,冷静地回想它长了多长时间,有没有痛感,是突然出现的还是逐渐长大的。在仔细思考了这些问题之后,还应该告诉家长,找专业的专科医生进行诊疗。第一次的诊断和治疗是非常重要的,如果是恶性肿瘤,若第一次的诊断、治疗出现了误诊、误治,那么可能会带来非常严重的后果。

均衡膳食

俗话说,"民以食为天。"同学们,你们知道吃饭也有讲究吗?我们在吃饭时要讲究均衡饮食。可能我们只喜欢吃零食、各种肉类,但家长们会让我们多吃蔬菜水果,这就是均衡膳食的一种体现。

什么是均衡膳食呢?简单地说,就是不能只吃一种东西,各种各样的食物都要吃,并且吃的量要合适,搭配也要均衡,比如瘦肉、牛奶、鸡蛋或者是新鲜的蔬菜水果要搭配着吃,粗粮细粮也要搭配均衡。下面这张图,叫作平衡膳食宝塔。我们可以通过这座"宝塔"来学习怎样均衡膳食。

均衡膳食

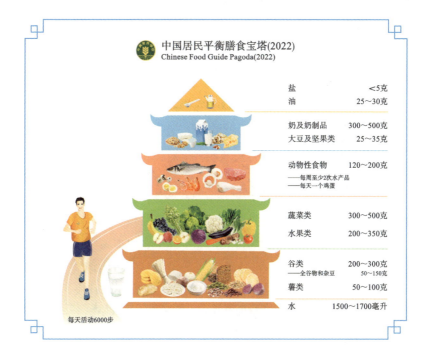

"宝塔"的最底层是谷薯类食物。这类食物作为主食，是热量的主要来源。我们最常吃的米饭就属于这一类食物。"宝塔"的第二层是蔬菜和水果类。这些食物是人体维生素、矿物质和膳食纤维的主要来源，每天应该多吃一些。但是蔬菜水果可不能互相替代哦！"宝塔"的第三层是动物性食物，包括肉、蛋、鱼等。"宝塔"的第四层是奶及奶制品、大豆及坚果类。奶类不但含有丰富的优质蛋白质和维生素，而且含钙量高，钙的吸收利用率也很高，是天然钙的极好来源。这些食物对我们的生长发育有很多的好处。"塔尖"为油、盐等。这类食物，我们每天的摄入量都应该控制在一个适宜的范围内。

这座金字塔是按照我们一天吃的多少来构建的,吃得多的在底层,吃得少的在顶层,它告诉我们应该怎样均衡膳食才能保持健康。

此外,喝水其实也有讲究:水要卫生,首选白开水,可能同学们都喜欢喝饮料,不喜欢喝水,但是不能用饮料代替水,每天喝水1500~1700毫升,我们的身体才能够棒棒的。

而且,我们要合理分配三餐,少吃零食。有些同学认为零食比饭好吃多了,就只吃零食,不吃饭,这显然是不正确的。我们要明白我们的食物来源主要是正餐,不能以零食代替正餐。

我们要健康成长,不仅需要均衡膳食,而且还需要进行适当的运动。吃与动相结合才能健健康康地成长。

下面,我们有一些口诀,能够帮助我们均衡膳食,大家一定要牢记:

> 一袋牛奶二两米,三份蛋白四言句。
> 五百克菜六克盐,七杯开水喝到底。
> 有粗有细搭配吃,提高蛋白利用率。
> 不甜不咸口清淡,控糖控压从这儿起。

均衡膳食

1. "薯"我为先

薯类包括马铃薯、甘薯、木薯等，薯类含有大量的维生素，有补益气力的功效。

2. "谷"中求精

谷类包括米、面、杂粮等，小米入脾、胃、肾经，可以健脾和胃、滋阴养血，每天早晨最好喝一碗小米粥。特别适合平和体质者的养生，可使阴阳气血调和，体态适中，面色红润，精力充沛。

3. "豆"亦有神

豆类包括大豆及其他干豆类,蚕豆具有很好的收敛作用,益脾健胃,可以通便消肿、利湿化滞。

同学们一定要熟记这些"秘诀",做到均衡膳食,才能够健康成长。

肥　　胖

甜甜的果冻、香脆的瓜子、美味的炸鸡、冰凉的饮料……这些都是同学们喜欢的食物。在炎热的夏天,运动过后喝1瓶冰饮料,吃上几个冰果冻,又或者是看电视时嗑嗑香脆的瓜子,这样是不是特别的美妙?但是这些行为的背后却藏着很多危险。

不难发现,有着这些行为的儿童青少年容易面临儿童青少年肥胖问题,他们一般都胖胖的、圆圆的,平时跑步特别慢。2021年7月国家卫生健康委的一场新闻发布会上,中国疾病预防控制中心营养学首席专家赵文华表示,我国6—17岁的儿童青少年超重肥胖率近20%,6岁以下的儿童超重肥胖率超过10%。也就是说每5个儿童青少年中,就有1个有儿童青少年肥胖。

儿童青少年肥胖是怎么产生的呢?首先可能是由遗传原因导致。你的父母都肥胖,那你肥胖的概率就会非常大。其次,不合理的膳食也会导致肥胖。打一个比方,我们每天吃的东西会给我们提供一些能量,如果能量过剩,那么这些过剩的能量就会转化为脂肪,从而导致肥胖。如果我们吃的都是一些非常油腻的、高热量的食物,比如炸鸡、汉堡、薯条等都会提供很高的能量,这些能量就会被储存起来转化为脂肪。还有,不达标的运动也会导致肥胖。运动可以消耗能量,运动量过少,就无法消耗能量,自然也会导致肥胖。最后,经常喝含糖饮料,

肥　胖

如可乐，可乐中含有很多葡萄糖，这些葡萄糖也是一种能量，这些能量积累后就会导致肥胖。

虽然胖胖的看起来十分可爱，但是肥胖却会给我们的成长发育带来严重的危害。第一，它会严重影响正常的智力发育。第二，严重影响正常的身体发育。第三，严重影响正常的心理发育。

同学们一定要远离肥胖。应该怎么做呢？我给大家支个招吧。我们要"管住嘴，迈开腿"。管住嘴，就是我们平时要合理膳食，多吃蔬菜、杂粮以及一些高蛋白食物，如鸡蛋。同时，我们一定要对含糖饮料说"不"。迈开腿，就是我们平时要多多运动，消耗能量，不要让这些能量积累起来变成厚厚的脂肪。

让我们一起"管住嘴，迈开腿"，健康地成长吧。

体育锻炼

生命在于运动,科学的体育活动是健康生活的有力保障。平衡膳食宝塔时常都会被提起,那同学们有没有听过运动金字塔呢?

养成运动好习惯!

提到运动大家可能都会想到跑步、跳远、打篮球、踢足球,以及课间操等等。其实我们在日常生活中的上课、写作业、家务劳动,以及走路、静坐也都属于运动,但是什么样的运动能够达到强健体魄的效果呢?"运动金字塔"能够告诉我们答案。

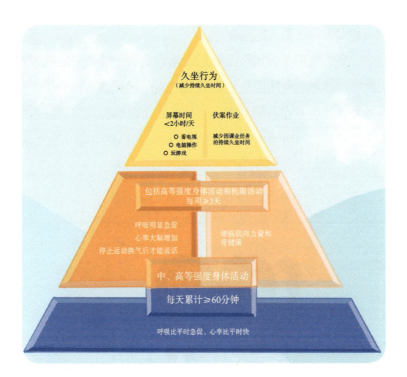

第一层：低等强度的运动最多做。比如：散步，和小伙伴进行户外游戏，帮助家长做家务，多走楼梯少坐电梯。

第二层：中、高等强度的运动多做些。进行一些有利于提高心率和出汗的运动，每周保证3～5次。比如：打篮球、踢足球、骑车、滑冰、游泳、跳绳。

第三层：静态活动少做些。"无运动"或"休整运动"处于塔尖，表明其所占比例应为最小，不要超过连续60分钟的久坐行为，比如写作业、看电视、玩游戏。虽然感觉轻松但其实身体已经被施"紧箍咒"，所以每隔一段时间需要起来动一动，做一做伸展运动，不给肥胖、高血压、糖尿病提供可乘之机。

和太阳做好朋友!

"多晒太阳身体棒"是我们最常听到的一句话,这是因为阳光不仅能激活身体内维生素 D 促进对于钙质的吸收,使骨骼正常发育,也能在开阔的空间放松眼睛以缓解长时间、近距离的用眼压力,预防视力下降。但在户外运动也要注意以下几点。

(1)安全因素:天气炎热,选择合适的时间,尽量避开高温时段做运动。要防范中暑、溺水等事故,不参加危险性的体育锻炼,在专业指导下科学地锻炼身体。

(2)循序渐进:不应该一开始就追求高等强度的运动方案,选择适宜自身身体条件的有氧运动、力量训练、柔韧训练。出现不良反应如头晕、恶心时,要减少运动,防止发生意外。而在激烈的运动之后身体处于"兴奋"状态,不可立即休息,应该慢慢减缓运动幅度、逐渐放松。

体育锻炼

（3）及时补水、合理膳食：建议运动过程中少量多次饮水,尽量不喝运动型饮料;日常饮食中补充足够的维生素、蛋白质等，比如多吃蔬菜、水果、瘦肉、鱼和富含蛋白质的豆制品等。

居家健身了解一下！

课余时间和放假期间，在家里也可以开展体育锻炼，有助于提高抵抗力、增强免疫力、保持身心健康。运动量要适度，以中低等强度运动为宜，运动后要注意保暖和休息。建议上午、下午和晚上各进行15～20分钟的居家健身，可以做一些有趣味性的动作，如单脚站立、抛球接球，还有钻"山洞"、推"小车"、跳格子、爬行等等。如果感觉不错，可以加入速度训练、小力量（如自身体重）训练，还有心肺耐力训练等，如左右两点跑、振臂跳、原地踏步、开合跳、高抬腿、仰卧踩单车等难度小，完成度高的动作。

合理选择零食

同学们,如今零食种类越来越多,我们可以吃到各种各样的零食。那么,你知道零食怎么选、怎么吃最健康吗?今天我们就来了解一下零食应该怎么选择吧!

首先,你知道零食应该吃多少最健康吗?我们现在的饮食模式通常是相对固定的一日三餐,但是,由于两餐之间的间隔时间较长,很容易产生饥饿感。所以,零食的作用在于缓解我们两餐之间的饥饿感。我们吃饭还是要以正餐为主,适量增加零食,如在课间适量加餐,但不要用零食替代三餐哦。

那么,我们应该什么时候吃零食呢?可以选择在学习间歇、运动后等吃少量的零食缓解饥饿感。吃零食的时间不要离正餐太近，最好间隔1.5～2小时。睡前半小时不要吃零食，否则很容易影响睡眠。还要注意吃零食的次数不要过多，一般一天不超过3次。我们常常在休息闲暇、聚会聊天、看电视时，不经意间吃很多零食，这就可能影响我们正常的一日三餐。对于这种情况，我们可以有计划地吃零食，预先准备少量或者小包装的零食，有效避免不经意间吃很多零食的情况。

如今零食种类这么多，我们应该怎么挑选最健康的零食呢？首先，我们要选择新鲜，易于消化的零食，比如水果蔬菜类、坚果类等等。尽可能多吃富含钙的食物，比如奶制品等等，要注意少喝含糖饮料。可以经常食用的零食有无糖蔬果干类，比如草莓干、地瓜干等。健康粗粮类，比如低脂粗粮饼干、烤红薯等。奶制品，比如纯鲜牛奶、原味酸奶等。可以适当吃（每周1～2次）的零食有牛肉片、黑巧克力、奶油制品等。注意要限制食用（每周不超过1次）的零食有棉花糖、膨化食品、巧克力派、碳酸饮料等。选零食时还有一条小贴士：我们购买前可以查看产品标签，食品标签中必须标注产品名称、配料表、净含量、厂名、厂址、生产日期、保质期、产品标准号等等，

合理选择零食

不要买标签不规范的产品。查看配料表,选取蛋白质含量高的零食。注意要少吃油炸、含糖过多、过咸的零食,保证饮食健康!

现在街头小吃摊越来越多,我们总会忍不住买一点解馋。但是你知道吗?街头小吃中其实藏着很多隐患:食品原材料难以保证干净健康;经营设施比较简陋,卫生防护不到位;摊点一般设在人群聚集的地方,小吃极易被空气中的灰尘、细菌污染。吃了这些食品之后很有可能会引起食物中毒或者胃肠道传染病。比如,常见的烧烤摊烤羊肉串用的肉很有可能是死猪肉,发红的肉串很有可能染着有毒的"红粉"——亚硝酸盐。所以,我们还是尽量少吃街头小吃吧!

另外,吃零食后要注意刷牙,保持口腔卫生。过多的食物残渣在口腔内,很容易滋生细菌,影响我们的口腔健康,导致蛀牙。每次刷牙时间至少三分钟,保持口腔卫生。

同学们,这些就是关于零食选择的全部小贴士,你知道应该怎么健康吃零食了吗?

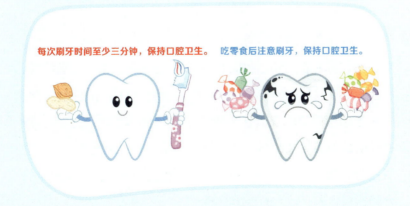

对含糖饮料说不

首先，让我们来一起认识一下游离糖吧。游离糖包括添加糖和天然存在的糖（天然糖）。添加糖是生产厂家、厨师或消费者添加到食品与饮料中的单糖（葡萄糖、果糖）或双糖（蔗糖、乳糖或麦芽糖），天然糖则是在蜂蜜、糖浆、果汁和浓缩果汁中天然存在的糖。

随着社会经济和生活水平的提高，居民膳食模式越来越偏向高糖、高热量，而人体摄入添加糖最主要的来源是含糖饮料。那么，含糖饮料的界定又是什么呢？含糖饮料是指在制作过程中人工添加单糖或双糖且含糖量在5%以上的饮料，包括含糖的碳酸饮料、果味饮料、运动饮料、茶饮料、含乳饮料、植物蛋白饮料和咖啡饮料等。其中，碳酸饮料和果味饮料是常见的含糖饮料，占有较大的市场份额。

对含糖饮料说不

近年来，我国饮料的生产量及销售额不断攀升，儿童青少年和成人的饮料消费量增加趋势也越发明显。饮用饮料已成为儿童青少年的一种普遍行为，且目前市场上的饮料超过半数为含糖饮料。此外，含糖饮料因其口感好、种类多吸引了无数消费者，尤其是儿童青少年。夏天最快乐的事情，莫过于钻进街头巷尾的便利店，打开一罐冰凉爽口的饮料，"咕咚咕咚"地喝上几口。有研究表明，在各类人群中，在校学生摄入含糖饮料的比例和日均摄入量远高于其他职业分类人群，且超过80%的群体，摄入频次≥1次/周。这可能是因为在校学生开始自主选择食物，缺乏父母和长辈的监管，营养知识水平偏低，加上受到社会环境的影响，所以倾向于选择较普通饮用水口感更佳的饮料。

但是，我们必须要意识到长期饮用含糖饮料不利于儿童青少年养成良好的饮食习惯，而且含糖饮料的热量和各种食品添加剂可能会对健康带来许多危害。世界卫生组织（WHO）强调，成人和儿童应将游离糖摄入量减少至占摄入总能量比例的 10% 以下，而如能降至 5% 以下会更加有利于身体健康。

这是什么概念呢？一名健康的成年女性，每天的总能量（热量）摄入推荐值为 1800 千卡，10% 的总能量就是 180 千卡，相当于 45 克糖。如果要把这些糖的量再限制到一半，就是 22.5 克，而一瓶 500 毫升的可乐就含有 52.5 克的糖。也就是说，就算每天不摄入任何游离糖，但只要喝下一瓶可乐，游离糖的摄入量就已经超标了。

接下来，让我们一起来了解含糖饮料有哪些危害吧。相关研究证实，含糖饮料与诸多慢性病如超重肥胖、2 型糖尿病、龋齿、心血管疾病等密切相关，甚至会增加抑郁症、性早熟等疾病的发生风险。

（1）饮用含糖饮料会直接导致能量摄入增加，加之较差的饱腹感、刺激食欲等原因，也会增加肥胖的发生风险。

（2）如长期饮用碳酸饮料会酸蚀牙齿，从而增加龋齿发生的风险；摄入精加工的含糖食品会影响口腔黏膜的代谢过程，降低过氧化物酶的活性，增加龋齿发生的可能。

（3）含糖饮料含有可被迅速吸收的糖，过多饮用还可能降低一些营养素（如钙、维生素 B_2）的摄入，增加 2 型糖尿病的发病风险，影响血脂，升高血压，增加脂肪在肝脏的堆积，从而增加非酒精性脂肪肝和冠心病的发病风险。

对含糖饮料说不

在控制儿童青少年含糖饮料消费国际策略研究进展中总结发现，一些国家采取了征收糖税、实施正面标识体系、限制营销、宣传教育等措施控制儿童含糖饮料消费，对此我们也应该少喝或不喝含糖饮料，逐步减少含糖饮料摄入或用其他饮品如茶水（不含能量）替代。此外，大家在购买完全无糖的饮品时，千万不要报复性地摄入更多含糖量高的零食哦！

对含糖饮料说不，是为了建立健康的生活习惯。蔬菜和水果应占饮食的大部分，并搭配适量肉制品。除了含糖饮料外，含糖量高的糕点、甜品等，我们也都应该少吃为妙，普通的白开水，才是更符合人体生理及进化特点的健康选择。

让我们一起追求"天然、健康、无糖"的饮食风尚吧！

必需维生素的摄入来源与缺乏症

维生素是人体所需的六大营养物质之一,是一种非常神奇的物质,在人体的新陈代谢中起着重要的调节作用。与其他营养物质不同,大多数维生素是我们的身体不能合成或合成量不足的,所以就必须靠吃摄入我们的身体啦。人体对维生素的需求量可以说是很小的,但是一旦缺乏就会对我们的身体造成很严重的伤害!

下面我们来看看13种必需维生素的摄入来源与相应的缺乏症吧!

必需维生素的摄入来源与缺乏症

（1）维生素A：这是一种我们可以通过吃鱼肝油、动物肝脏和绿色蔬菜来获取的维生素，若身体缺少它，就容易得夜盲症，在光线昏暗或夜晚看不清东西，行动也会出现一定的困难。

（2）维生素B_1：作为B族维生素的老大哥，它在酵母、谷物、动物肝脏和肉类中含量较高。若缺乏维生素B_1，容易得脚气病（这可不是简简单单的"脚气"哦，脚气病会导致感觉障碍、运动障碍、疲劳、心悸和气急等症状）。

（3）维生素B_2：这位二哥多存在于酵母、动物肝脏、蔬菜和蛋类中，若缺少它，就容易得口舌炎症，也就是我们平常说的口腔溃疡。

（4）维生素B_3：又叫作烟酸、维生素PP，主要存在于动物肝脏、肉类、豆类和绿茶中，缺少烟酸易患糙皮病（可不是皮肤会变得粗糙哦，而是会出现消化不良、食欲不振、困倦、失眠、四肢有烧灼及麻木感等症状）。

（5）维生素B_5：它又叫泛酸，猜猜这个别名是怎么来的？没错，就是因为它广泛存在于动植物中。也正是因为这个原因，我们的身体几乎不存在缺乏它的问题。

（6）维生素B_6：我们的老六多存在于酵母、谷物、动物肝脏、蛋类和乳制品中，若身体少了它，就会容易患周围神经病！

（7）维生素B_7：又称维生素H、生物素，它可是合成维生素C的必要物质！它在动物内脏和酵母中含量较多，我们的身体要是缺了它，很有可能会出现皮炎、倦怠、轻度贫血等症状。

（8）维生素B_9：又称叶酸，和它的五哥泛酸差不多，它是因为在绿叶中含量十分丰富而得名。它广泛存在于蔬菜和肝脏中，身体缺了它，就很有可能会得神经管畸形、巨幼红细胞性贫血、唇腭裂这些病。

（9）维生素B_{12}：作为维生素B族的最后一位成员，它主要存在于动物肝脏、鱼肉、肉类和蛋类中。若缺了这位小弟，就容易引起贫血、神经系统和皮肤黏膜受损等疾病。

（10）维生素C：这位大家耳熟能详的朋友广泛存在于新鲜水果、蔬菜中，若缺了它会容易得坏血病。

（11）维生素D：多存在于鱼肝油、蛋黄、乳制品和酵母中，缺乏维生素D可是佝偻病的罪魁祸首！

必需维生素的摄入来源与缺乏症

（12）维生素E：这是一种在食用油、水果、蔬菜及粮食中均存在的维生素，我们的身体要是缺了它，就很有可能会得溶血性贫血、脊髓小脑病这种恐怖的疾病。

（13）维生素K：作为最后一个必需维生素，它多存在于菠菜、白菜和肝脏中，缺乏维生素K的症状表现为易出血，并且流血很难止住。

看完必需维生素的来源，我们会有一个惊人的发现：原来这些非常重要的维生素都存在于我们日常的食物中！所以只要我们不挑食、均衡自己的饮食就一般不会出现维生素缺乏的状况啦！

吃好早餐

亲爱的同学们,请问你最喜欢的早餐是什么呢?一日之计在于晨,而吃好早餐对于同学们的一整天、一年乃至一辈子都具有重大的意义。好的早餐有两个标准,从数量上来说,要能够让你吃得饱;从质量上来说,要营养丰富。通常来说,一份早餐最好能够包括谷薯类、肉蛋类、奶豆类食物和水果蔬菜。接下来就让我们一起来为自己搭配营养早餐吧。

谷薯类食物,是谷物和薯类食物的简称,通常被作为主食,是帮助我们填饱肚子的关键食物。无论如何,早餐都少不了它。谷薯类食品有馒头、花卷、米饭、稀粥、杂粮粥、面包、红薯、土豆等。

吃好早餐

肉蛋类食物为我们提供必不可少的蛋白质。鸡肉、猪肉、牛肉、鱼肉、鸡蛋都是肉蛋类家族的成员。小小的一粒鸡蛋看似简单,却为我们提供了大大的营养。

奶豆类食物包含了奶及其制品,豆及其制品。牛奶、酸奶、豆浆、豆腐脑都是受人喜爱的早餐。一杯牛奶或豆浆不仅为我们补充一定的水分,更为我们带来丰富的蛋白质,是我们强身健体的重要帮手。

水果蔬菜的种类多、范围广,新鲜的水果蔬菜,无论是菠菜、西红柿,还是苹果、香蕉、梨都能让我们获得维生素和矿物质,它们的作用不可忽视,有的可以帮助我们促进身体的正常代谢,有的可以帮助我们增强食欲,还有的可以帮助我们保护视力。

吃好早餐

以下为几个吃早餐的误区。

误区一：因为减肥，所以只吃水果蔬菜。

上文中，我们已经共同学习了早餐的四个组成部分，分别是谷薯类、肉蛋类、奶豆类食物和水果蔬菜。如果仅仅把水果蔬菜作为早餐，既无法为同学们提供饱腹感，更无法完全提供学习、生活所需要的营养和能量。

误区二：剩饭剩菜当作早餐。

我们都知道，过夜的剩菜剩饭很容易产生亚硝酸盐，因此，长期吃过夜的剩饭剩菜会危害身体健康。因此，尽量少吃过夜的菜肴。在保存菜肴时，一定要避免变质，变质的食物即使使用微波炉加热或回锅加热都是不可以食用的。在加热菜肴时，一定要让菜肴热透。

误区三：将早餐奶视作纯牛奶。

有些同学会把早餐奶视作纯牛奶，但两者的配料表其实有所不同。纯牛奶的配料表一般只含有鲜牛奶，而早餐奶包括牛奶、花生、蛋粉等等，不同的早餐奶配料也有所不同。同学们可以根据自己的需要进行选择。不过，早餐只有一杯纯牛奶是不够的，还需要搭配主食和鸡蛋。

亲爱的同学们,我们已经共同学习了如何吃好早餐。相信你已经掌握了早餐的必备知识,让我们一起吃好早餐,守护自己的身体健康。

健康闯关大作战

1. 下列关于**外伤**的处理，正确的是（　　）。

A. 发现骨折后可以先自行移动骨折部位复位

B. 伤口结痂前可以正常用水清洗伤口

C. 烫伤处理的五字口诀为"冲、脱、泡、盖、送"

D. 开放性伤口不需要就医处理

2. 下列哪些措施是处理**中暑**的正确方法？（　　）

A. 加快散热，物理降温

B. 补充水分

C. 应用药物

D. 以上均是

3. 儿童6岁左右长出的**第一颗恒磨牙**叫什么？（　　）

A. 六龄齿

B. 中切牙

C. 智齿

D. 龋齿

4. **洪水**过后易发生的次生灾害，威胁着大家的安全。同学们需要做好的防护措施包括（　　）。

A. 加强水源管理，确保水体质量和饮用水卫生

B. 加强食品卫生监督，严把食品卫生关

C. 积极搞好室内外环境卫生

D. 消灭"四害"

E. 提高警惕，防患于未然

5. 下列哪一项不是**食物中毒**的预防措施？（　　）

A. 养成良好的卫生习惯

B. 生熟食物分开装，分开切

C. 经常吃生鱼片等未熟或半熟的食品

D. 尽量不吃隔夜饭菜

6. 关于**蜱虫叮咬**，下列哪一项说法是不正确的？（　　）

A. 蜱虫叮咬后，多数人很快发热，开始恶心呕吐，肌肉酸痛

B. 蜱虫叮咬后，不及时去医院治疗，一段时间后，尤其是儿童容易出现不停流口水，四肢无力，走路不稳，呼吸困难的表现

C. 从野外回家后，仔细检查全身皮肤有无蜱虫，特别是大腿内侧，腋窝，脖子后面

D. 发现身上有蜱虫叮咬，先不去医院，直接用手捏，或者打火机烤

7. 关于**流感**的预防措施，下列哪一项是错误的？（　　）

A. 对流感患者进行隔离及治疗

B. 流感流行前接种流感疫苗

C. 流感患者无须戴口罩

D. 减少公众集会活动

8. 下面哪种措施不能预防**流感**？（   ）

A. 勤锻炼，勤洗手，勤消毒

B. 去公园等人多的地方呼吸新鲜空气

C. 及时接种流感疫苗

D. 坚持戴口罩，勤更换口罩

9. **流鼻血**时，我们应该怎么做？（   ）

A. 无视它

B. 仰起头，不让血流出来

C. 冰敷后颈、前额，持续按压鼻翼

D. 用手将鼻子里的血抠干净

10. 下列哪个可能使小朋友得**手足口病**？（   ）

A. 和有手足口病的小朋友一起手牵手

B. 和有手足口病的小朋友一起玩玩具

C. 饭前便后不洗手，不注意个人卫生

D. 以上都有可能

11. 关于注意**饮食卫生**，下列哪一项做法不恰当？（   ）

A. 小明吃饭用餐前认真洗手

B. 小明只吃烧熟煮透的食物

C. 小明喝牛奶前先看生产日期

D. 校门口的三无产品味道好，小明经常光顾

12. **心理健康**的理想状态是保持（　　）。

A. 性格外向

B. 智力超常

C. 态度积极

D. 行为举止

13. 怎样防止自己感染**水痘病毒和麻疹病毒**？（　　）

A. 打疫苗

B. 戴口罩

C. 防止与患者密切接触

D. 以上都对

14. 被以下哪种动物抓伤或咬伤时需要打**狂犬疫苗**呢？（　　）

A. 家养狗

B. 野猫

C. 蝙蝠

D. 以上动物都需要

15. 以下哪种行为不能防治**近视**？（　　）

A. 小明每学习四十分钟就出门眺望远方休息一会

B. 小方读书时总是在光线明亮的地方

C. 小兰眼睛疲惫时会做眼保健操

D. 小红认真学习，经常眼睛距离书本很近，不足 25 厘米

16. 下列哪几项能促使我们**睡个好觉**？（　　）

A. 积极体育锻炼

B. 睡前吃得很饱

C. 睡前放空大脑，不胡思乱想

D. 规律作息，不熬夜

17. 关于**正确洗手**下列哪一项是正确的？（　　）

A. 随便冲洗一下

B. 只要吃饭的时候手不碰到嘴或者饭菜，就不用饭前洗手

C. 出门在外，可以使用消毒凝胶洗手

D. 洗手前啃手指甲或者吮吸手指

扫码获取更多资源